万葉仮名と平仮名

その連続・不連続

内田賢德
乾　善彦［編］

三省堂

本書に掲載の研究論文・コラムは、次の科学研究費の助成を受けたものです。
JSPS 科研費 JP15H05151「海外敦煌書儀・六朝尺牘文献の古代日本への受容実態の解明」(代表者・西一夫):第一部、全体
JSPS 科研費 JP16K02723「仮名の成立と展開―日本語表記の融合的研究」(代表者・長谷川千秋):第二部
JSPS 科研費 JP17K02796「上代日本語の語彙体系と意義記述方法の再構築」(代表者・乾善彦):第三部、基調報告及び各綜括

装丁　三省堂デザイン室
本文組版　株式会社ぷれす

はしがき

二〇一七年八月、「万葉仮名と平仮名―その連続と不連続―」というタイトルのもとに、二日間にわたるシンポジウムを行った。これは、最近新たに発見された、平仮名を記したと見られる土器が複数調査されたことをきっかけに、通説のように言われてきた、日本語の音節文字二種、万葉仮名と平仮名との自然な連続性に疑問が生じてきたこと、さらに万葉仮名の用法について細かな使い分けが幾つか見出され、また万葉集における訓字と仮名の関係も見直されてきたことなど新しい知見を整理し、二つの関係について見通しを得ようということを目的としていた。議論は活発に行われ、シンポジウムは成功裏に終了した。

本書は、その成果をまとめて斯界に問うものである。万葉仮名をくずして書いているうちに、形は次第に変貌し、漢字の面影をもたない平仮名となって、後々まで使われるようになったというような自然な連続観は、新たな資料の発見とそれにともなう知見の展開により変更を迫られることになる。最近、日本語の文字に関わる議論が高まっているように見受けられる。若い研究者が輩出してきたのはその現れであろう。本書でも、ベテランや中堅にまじって若い知性の輝きが際立っていると自負する。内容は、全体に学生を始め多くの読者のための配慮をしている。しかし、議論が込み入り、難解な部分があることは否めない。ただ、難しいことは難しくしか論述できないのも事実であろう。本書を媒介として、興味が広がり、研究が進展することを望みたい。

二〇一九年一月

内田賢徳

乾　善彦

目次

基調報告　平仮名成立まで

内田賢徳

はじめに

映画にもなったテッド・チャン「あなたの人生の物語」(注1)は、異星人の文字体系を、母親でもある一人の言語学者が解読することをモチーフとしたSF小説である。映画は、邦題「メッセージ」として日本でも上映され、多くの人が鑑賞した。今、文字に関することだけを取り上げると、異星人の文字体系は、あらかじめ一つの全体が提示され、部分はそれを構成する要素としてのみある、地球上の文字体系とは異質のものであった。と言えば、日本の読者と観衆には思い当たることがあっただろう。それは漢字のあり方とよく似ているのではないかという感想があって当然である。そして著者の姓を見て、チャン(陳)、米国籍の中国人と気づけば、なるほど、作品の発想は、アルファベット圏の人が漢字について考えることに出発していると見当が付くであろう。筆記用具を提示する時、pen と三文字を綴る言語と、単に「聿」と書けば足りる言語と言えば単純に過ぎるが、漢字の方は、まず全体を提示するという方法に立っている。アルファベット圏から見れば異質に思えよう。基本的に象形文字であることを留める文字と、基本的に言語音の最小単位である音素の文字列という差として言えば、また単純に過ぎるが、一般的には了解されよう。

その両方を相対化するような位置に作者は立っているのだろう。人は普通、自己の母語と、後から学習した外国語（到達度は問わないとして）とを知っている。母語を最初に習得した言語というのは誤りである。なぜなら誰でも母語を覚え始めた記憶などない。それは習得したのではなく、人がその中で生い立った言語であって、言わばあらかじめ脳裏に宿っていたことばである。従って、二つの言語を母語レベルで相対化できるという経験は限られることになる。作者テッド・チャンについての知識は限られているが、彼が英語と中国語の双方について相対的に眺められる位置に立つという条件が作品を成功に導いている。ついでに、SF通の人なら、ケン・リュウというやはり中国系の米国人が、同様に漢字にまつわる佳品を著していることを知っているであろう。

ここまでで単純に過ぎるという断りをしたのは、一つには、以上の話はアルファベットももとは象形文字に出発しているという、言語史上の知識を無視しているからである。文字が一部の神官にのみ所有されていた時代から、広まって多くの人が使用するようになると、同じ発音なら簡単な文字を書いて代用するという、神官達を激怒させるような用法が見られるようになり、やがてそれが優勢になってアルファベットになったというのである。[注2]これは漢字にも起こった出来事だというのが二つめで、仮借という用法がそれである。仮借は、字のない語に既にある字を代用して使う用法で、例えば命令の令を使って県令という職名にあてるというやり方である。これは、字はあっても同音の他字を借りて使うやり方も含み、そこから発音を表す部分に、偏《へん》や旁《つくり》のように類型的な意味を表す部分を付け加えた多くの形声文字ができ、それが漢字の多くを占めるようになった。中華の「華」は、もと樹木にハナが六つ咲いているさまを象った字形であり、それを縦横の線に整えたのが今の字形である。もっともこの字には、くさかんむりと「化」という音を表す部分で構成される形声文字「花」という俗な形が早くからあり、こちらで代用されてもいた。日本語でも単にハナと言う時は「花」を書くが、はなやかと漢字で書きたかったら「花やか」より「華やか」の方が収まりがよいのは、両字の正俗の意識が働くからだろう。漢字は象形が印象的だが、早くからそれ以外の方法をもった文字が作られ、先にあげた象形文字の「聿」も、たけかんむりを付けた会意文字「筆」が多用されている。だから最初にあげた比較は、「単純に過ぎる」のである。こうした代用の字など各種の文字が混在して文字体系が発達しながら、中国語の場合、代用が普及したために象形文字がなくなるということはなかった。

実は、アルファベットのように綴る文字と、漢字のようにまず全体が提示される文字のありかたは、日本語の中でもっとも顕著に同居している。

本書は、あなたの人生の物語を綴ることになる日本語の文字体系への興味を拓く書となることを期している。

一　文字環境としての漢字文献

1　言語記号としての万葉仮名

文字をもたない言語が他言語の文字を借用して文字化される場合、二つの方法がある。一つは「実体の借用」であり、もう一つは「システムの借用」である。(注3) 通常は実体的な借用が見られる。例えば、文字のない言語が言語学的に記述される場合、多く他言語の文字がそのまま文字として用いられる。漢字による倭語、即ち原日本語の表記はまさしくその方法によっている。例えば「卑弥呼、邪馬臺国、卑奴母離」といった倭国の固有名の表記は、それぞれの実際の音価は不詳だが、三世紀における中国語の音節のうち、近いと聞かれた文字を使ってそれを写し、表記したものであることは確かである。多くが小韻の首字、つまり後の韻書で言えばそれぞれの韻の頭子音別の下位区分で最初の文字、例えば「卑」は、上平声支韻の「府移切」の項の最初の文字であるが、そうした思いつきやすい文字が選択されているという。(注4) その方法は、基本的に万葉集の音仮名に引き継がれている。しかし、仮名であることとは、思いつきやすい文字という条件に尽きなかった。音仮名自体、右の〝分かりやすさ〟には留まらなかった。字母の多様の理由が種々求められている。

訓字は、右の文字の借用について言えば、もう一つのシステムの借用というカテゴリーに属する。システムの借用とは、文字がもとの言語で果たしている機能をそっくり文字をもたない言語に適用することである。この場合、漢字の表語機能をそのまま日本語に導入して日本語の文字とすることである。

万葉仮名は、訓字の成立と共に生まれる。単に漢字で日本語の音節を写して日本語を表記するというあり方から、訓字と相補的に、日本語を書く文字へと転化を果たすのである。

音仮名は、右にいう実体の借用によるものである。漢字から見た日本語の音節を記す、つまり漢字の音節が日本語の音節に対応するのであって、日本語の音節が類音の漢字を求め、対応するのではない。圧倒的に多い漢字の音節種の側から、日本語の音節が精密に観察され、写される。

其児名多沙鬼獲居（稲荷山古墳出土金錯銘鉄剣銘文　五世紀後半）

向つ峰《を》に　立てる夫《せ》らが　柔手《にこで》こそ　我が手を取らめ　誰がサキデ〈佐基泥〉　サキデ〈佐基泥〉そもや
我が手とらすもや（皇極紀歌謡　紀108）

第二例中のサキデのキは、七、八世紀には使い分けられていた二種類のキ音節（キ甲、キ乙）のうちキ乙である。これと同類の音節の区別は、イ列、エ列、オ列に見られ、上代特殊仮名遣と称する（コラムⅡ参照）。サキデに想定される意味は裂けるという自動詞的な意の動詞「裂く」である。するとサキデは、裂けた手ということであろう。サク（裂）はサケ、サケ、サク…と活用する下二段活用だから、「裂けた手」はサケテとなる（ケはケ乙）。ところがこの例は、サキ乙デである。サク（裂）には、裂くという他動詞的意味もあって、この場合、サカ、サキ、サク…と活用する四段活用であり、そしてこのキはキ甲である。「サキ乙」を活用形にもつのは、サキ、サキ、サク…と活用する、「起く」などの上二段活用である。しかし、こちらの方の「裂く」は、連用形のこの例のみで、活用の展開をもたなかった。類例に「妻籠み〈ミ乙〉に八重垣作る」（古事記歌謡　記1）がある。この例は、日本書紀の同じ歌では「妻籠め〈メ乙〉に」（紀1）とあり、籠めるの意の「籠む」は下二段活用であり、上二段活用は展開していない。これらの現象は、動詞活用の展開にあって、上下両二段活用のどちらも実現する契機をもった動詞があり、そのうち下二段活用のみが展開し、上二段活用は連用形が痕跡的に残った事例と考えられる。

その「サキ乙」の語形が、第一例の五世紀の資料に、人名の一部として見られるのである。「多沙鬼」の鬼はキ乙にあたる。従ってこの人名は、手が裂けているという意をもつと言える。祖先の一人の名だから、よい意味であろう。この場合、第二例「サキデ」について、諸注にいうあかぎれのひび割れた手ではなく、指が大きく裂けた、力強い手ということであろう。それは第二例にも適用され、「サキデ」は、武骨な手を意味する。（注5）サキ乙をめぐるこのあり方は、日本語の音節を写す方法が極めて精緻であったことを示す。そしてそれは、五世紀にまで溯って検証される。

一方、訓仮名は、システムの借用である。訓字を通して、一旦日本語の音節に対応している漢字を借用する。

元の漢字としての音は顧みなくてよい。そもそも訓字そのものが漢字システムの借用であり、訓字であることとは、日本語が表記されていることであるから、訓仮名は、元の漢字音とは別の音節を表してもいる表語システムである。これには、現れ方が二つある。

一つは意識的に使用することで、次の例など多く存する。

沖つ藻を隠《かく》さふ〈隠障〉波の五百重波《いほへなみ》千重にしくしく恋ひ渡るかも（11・二四三七）

百済野の萩の古枝に春待つと居りしうぐひす鳴きにけむかも〈鳴尓鶏鵡鴨〉（8・一四三一）

「隠さふ」は、隠スの未然形にフが接した形、その分析を侵してサフに「障」を当てて、波が沖つ藻を隠すのが障碍であるというニュアンスを歌に添える。「鳴尓鶏鵡鴨」は鳥偏の字を集めて、音仮名訓仮名を取り混ぜてにぎやかな表記で歌を飾る。

今一つは、単なる便宜で用いられている場合である。

父母《とちはは》え〈等知波々江〉斎《いは》ひて待たね筑紫なる水漬《みづ》く白玉取りて来までに（20・四三四〇　防人歌）

トチは父のこと。エ〈ye〉は呼びかけるヨの東国語形である。こちらの場合、訓仮名は音仮名と同じように用いられている。単に日本語の音節に対応する字を求めるため、その区別は必要でない。

二つを分けるのは識字能力である。[注6] 漢字を熟知している立場は、訓字という意味的な使用に交えて訓仮名を使うが、漢字をあまり知らないけれども字が書けるという立場は、音仮名で区別されている日本語の音節と同じ訓よみの字であればそれでよい。歌を記した木簡に訓仮名が混じる（「作久矢己乃波奈」観音寺遺跡木簡など）のも、その一環であろう。漢字を熟知している立場は、当然複数の漢字が日本語の一音節に対応することを知っているから、音仮名訓仮名とも使う字種は多様になる。これは表記の pedantry（知的遊戯）である。訓字が字書の訓詁を通して多様になる現象と似る。意識的な使用と便宜的な使用の差は、表記の晴と褻のようにも見える現象であるが、同一人物の異なる使用場面という面は見えにくい。漢字を熟知している立場で、仮名に訓字が混じるのも、基本的には同じく意識的である。

海原尓《うなはらに》　宇伎祢世武夜者《うきねせむよは》　於伎都風《おきつかぜ》　伊多久奈布吉曽《いたくなふきそ》　妹毛安良奈久尓《いももあらなくに》

（15・三五九二　遣新羅使人歌「発《た》ちに臨《のぞ》む時に作る歌」）

伎〈キ甲〉、吉〈キ甲〉、曽〈ソ乙〉という仮名の正しく使われるこの例を含む当該歌群の位置づけは、表記の意識的、便宜的ということに関して微妙だが、ひとまずこの歌の表記の特徴は仮名に訓字が混じることとして捉えられる。「海原《うなはら》、夜《よ》、者《は》、風《かぜ》、妹《いも》」の各訓字は、他の音仮名と同様、それぞれの音節を表してもいる。

2　万葉集における訓字と仮名の相関

訓字と仮名の相補は、いわゆる音訓交用ということに尽きない。例えば、柿本人麻呂の、人麻呂歌集をも含めた表記の中で、助動詞ケリを表記する際、「来」の方が、「ずっと〜してきた」という時間経過を表すのに対して、「祁留」の音仮名一字一音表記は、時間性を表すアスペクトの意味よりも、今あることに気づいたといった、どちらかと言えば事態に対する話手の態度を表すムードに近いような意味の場合に用いられている。「来」のこの用法は六朝俗語の用法であり、それを日本語表記に取り入れた、人麻呂の漢字についての学識に基づいた使い分けである。音訓交用が外面的な相補なら、これは漢字の語性にも及ぶ内面的な相補と言えよう。実例に即して述べる。

高麗錦紐《こまにしきひも》の片へぞ床《とこ》に落ちにける〈落迩祁留〉

明日の夜《よ》し来《き》なむと言はば取り置きて待たむ（11・二三五六　人麻呂歌集旋頭歌）

第三句、本文（最近原文と言うことが増えている）には「落迩祁留《おちにける》」と記されている。助動詞などを丁寧に表記している、人麻呂歌集の表記のうち、非略体と呼ばれる表記法である。この「祁留」については研究があって、

娘子らを袖布留《そでふる》山の瑞垣《みづがき》の久しき時ゆ思ひけり〈念来〉我は（11・二四一五　人麻呂歌集　寄物陳思）

のように、ケリを「来」で表記する場合と、この「祁留」とでは使い分けがあるということである。(注7)「来」の方が、ずっと〜してきたという時間経過を表すのに対して、「祁留」の音仮名一字一音表記は、あることにはっと気付いたという場合であるという。妥当な解し方ではあるが、人麻呂が「来《く》」の動詞としての意味から応用したというのは少し無理である。この用法、「〜し来たった」というように時間の表現に使う用法が、前述のように、中国で六朝期の俗語に存在し、「而来」（このかた、以来）のように用いることから広がって、

自レ過レ江来、尚書郎正用二第二人一（世説新語・方正）

（江を過ぎてより来《き》たりて、尚書郎正《まさ》に第二人を用《もち》ゐたり）

［長江を南に渡ってこのかた、文書を扱う尚書郎に二流の家柄の者が用いられてきた］

のように使うようになった。実は、日本でも五世紀の出土品として注目された「稲荷山古墳出土金錯銘鉄剣銘文」にも、自分たちが代々大王に仕えてきたという件に、「奉事来至今（奉事し来たり今に至る）」とあって、発見当時この「来」は漢文の用法にない和習だなどと扱われたが、これは六朝からの俗語であって、他にも俗語の用法が見られ、(注8)この銘文は要するに当時の中国の現代語で書かれた銘文であった。人麻呂もこの用法を知っていて、ケリを表記する時、特に「ずっと〜してきた」という場合に用いたのであろう。ただし、一般に説かれているよ

うに、ケリに二種類があるのではない。現代日本語で「あの子も成長してきたものだ」などと言う時、時間の経過とそれに気付いた心の働きとは二つながらに表現に属していて、逆に捜していたものが見つかった時に、「何だ、こんな所にあったのか」と言う時、その気づきの背後にはそのものが相当期間行方不明だったという事実が表現されているのである。二つは一つの表現に含まれる二面である。

万葉集における仮名は、多く、訓仮名も含めて訓字との相補的なあり方をその基礎的な性格としている。

3　古事記歌謡の仮名

万葉集における多様な仮名のあり方に対して、古事記の仮名使用は、歌謡に限れば、音仮名でしかも極めて限定された字種という特徴が知られている。そのあり方は、万葉集と異なる方法に立つという面からは、万葉仮名ならぬ古事記仮名と称した方が適切であろう。そこにはいかなる意図が見られるのだろうか。

ただし意図的でなかったとも考えうる。使用できる字種がそもそも限られていた、あるいは多様に仮名を使う環境がなかったなど、幾つかの木簡など、古事記の外部の資料からその状況を想定することはできる。しかし、訓仮名も混在するそれらの表記法に対して、固有名の表記などを除いては音仮名に統一される古事記のあり方は、明確に意図的であると言えよう。神名など固有名の場合、存在としてのidentity（同一性）を保つため表記と一体であって、他の表記に置き換えにくいという事情がある。

述作者太安万侶は、稗田阿礼の誦習する日本語を正確に記す必要があった。歌謡の場合、その発音を正確に聞き分け、厳密な表記をしなければならない。正確さは意味の実現にも及んでいた。上巻、神名アヂシキタカヒコネが、よく知られていた「味鉏《アヂスキ》〈キ甲〉」ではなく、「阿遅志貴《アヂシキ》〈キ乙〉」と表記されるとき、それは神の名義

（立派な鋤《アヂスキ》とアジガモ猟の場の祭壇《アヂシキ》）の違いと共に歌と伝承の意味内容の差にも関わっている。(注9)とすると、この音はこの字というように、若干の通用を除けば、ほぼ限定された字種を使用するのが必然であろう。恐らくチェックシートが、少なくとも脳裏には存していてそれに従うという方法であっただろう。このことは、あまり想像されたことのない推論を導く。即ち安万侶は当時日本語で区別される音節が清音で六一種であること（コラムⅡ参照）を承知していた。それは、ヤならまず思い至る「矢」を書くといった仮名使用とはおよそ次元の違う、まさしく古事記仮名であった。

しかし、その正確で、日本語の音節を記す上では記号的な合理性に徹した方法は、万葉集へと継承されなかった。万葉集には安万侶の同時代人人麻呂が試みていたような、歌を表記の上でも表現するという、合理性とは別の契機があった。

文字環境としての漢字文献という課題は、そうした仮名をめぐる環境について考察していくことになる。

二　平仮名の登場

近年平安京に見出された平仮名を記した土器片（平安京右京三条一坊六町跡出土仮名墨書土器　コラムⅢ参照）は、これまでの平仮名成立についての通説的な理解を揺り動かす、画期的な発見であった。従来の通説的な成立論、端的に言えば、万葉仮名をくずして書き、草仮名を経て、くずすことの果てに至りついたのが平仮名であるという考えには、これまでにも疑問視する見方があった。

a字体のうえでの独立があってはじめて仮名が成立したのではなく、ぎゃくに仮名の成立にともなって、字

体上の分離が成功したといえよう。(亀井孝)[注10]

bこの世界〈実用的な文字の領域―内田注〉での真仮名が、すでに性質として仮名に他ならぬこと―すなわち、本来の漢字性質から極めて自由であり得ている……。(川端善明)[注11]

bは、そこに真仮名から平仮名への動きが始まると述べる。万葉仮名をくずすことの果てに平仮名が、というだけなら、最初に平仮名を用いた人は、それが平仮名であることを知らなかった、更にその人は単に他の人より格段に横着であったに過ぎないことになるのではないのか。それは平仮名の成立ということを穢しはしないか。「万葉仮名をくずして」が、くずす規則としての草体を逸脱した、言わば横着であるとしたら―文字の性質の変化は、しばしば横着によって起こりはする―、横着の極み、弛緩しきった万葉仮名は、元々の表記体系の中にどのようにして美しい調和を作りだしたのか。

平仮名の成立には二つの契機がある。一つは、従来から言われているような、字母に対して字形の上で十分に独立した図像性をもつことであり、今一つは字母のもつ漢字としての意味喚起から自由であり、言語記号としてそれとは異質の意味実現の機能を獲得しているということである。bにいう漢字からの自由さとは、本来の中国語音に制約されないことのみならず、中国語文としての語法からの規制がないこと、そして漢字の意味喚起が無効であることを指す。それが自由に日本語の音節に対応することを可能にする。

二つの契機のうち、後者の方により大きな関心が注がれてよい。それは万葉仮名が、むしろその漢字の意味喚起を巧みに、ほとんど楽しむと言えるほどに利用したことと対立的である。

平仮名がメモ程度の記載に適していたことは、宇多天皇宸筆の「周易抄」(寛平九年〈八九七〉)で平仮名と判断されている和訓に、具体的に見られる。

後夫凶　おくる　周易也

これは周易「比」についての注で、比は親しみ助けるの意、後から来て親比しようとする者は凶だということを示している。「後夫凶」の部分に対して「おくる」と訓むのは、直接には「後」字だが、こうメモしておくことで、音義的な理解が与えられる。この時、たとえ草体でも「於久留」と漢字で記すことや、「オクル」と片仮名で記すことでは得られない効果があるとしたら、それは何であるのか。片仮名を傍訓や補読のためと意識していたとすれば、訓み方をまるごと記す和訓の個所には用いなかったであろう。そして、漢字「於久留」は、この文書の書式では、項目字との区別が難しいという難点がある。そして何よりもどのように控えて書いても、漢字である限りは意味喚起をもってしまう。平仮名の機能についての議論が俟たれる。

ただ近時の新資料については、それを全き平仮名と認定してよいのかという問題が存する。書記道具、土器という素材の問題もあろう。ただ字形がどう機能しているかは、結局は解読に委ねられることもあり、緊密な議論が必要になろう。

三　万葉仮名と平仮名

万葉仮名を極度にくずして平仮名に至るという仮説は、この二つの日本語専用の言語記号が連続しているということを、暗黙のうちに前提にしている。字母という用語がいみじくも語っているように、万葉仮名なくして平仮名はありえない。ただその連続は、人一倍横着であった人（たち）が効を奏したと言えるほどに直接的、無媒介的なことであったのかということは、問う必要がある。万葉仮名が訓字との間にもった関係にも、相補というに尽きない現象が解析されてきている。

前節の平仮名の成立時期は、字母の字形が自然に失われるのに十分な時間を経ているかどうかということ、つまり草仮名という過渡期をそこに穏やかに設定することが可能かどうかを疑わせる。そこにはくずすという連続面に蔽われてしまう不連続の契機があることになる。この節ではそれが一つの焦点となろう。ただ、そのためにも前節に見た認定の問題が関わることになる。

不連続面は、歌の表記をめぐって見られるであろう。「後　おくる」といった付箋的なあり方では、字母の裸出した「於久留」との、前述のような質的な違いはそれほど明確ではない。一つの傍証として、同一の文献には「舎　ユルス」という片仮名表記が併存する。ただ、いかにも訓点のような位置に記されたこれを訓点の連続と捉え、平仮名訓注と機能的に分かつ解し方も見られる。(注12)二つのシステムを自在に使い分けていたのであろう。訓注という、中国語文から引き継いだ位置にあることと、訓点という朝鮮半島と日本列島で使用された翻訳記号であることの差はそれとして見られる必要はあるが、文章において補助的であることは変わらない。それに対して歌の場合、万葉仮名で記されることと平仮名で記されることとの差は単に文字の印象に留まらない。次に比較を試みる。

家佐能安佐気秋風左牟之登保都比等加里我来鳴牟等伎知可美香物
（万葉集17・三九四七　家持「八月七日の夜に、守大伴宿祢家持が館に集ひて宴する歌」）

「秋風、来鳴」のみ訓字であり、あとは仮名である。仮名を平仮名にかえると、

けさのあさけ秋風さむしとほつひとかりが来鳴むときちかみかも

となる。古今集の、

秋風にはつかりかねそきこゆなるたかたまつさをかけてきつらん

（古今集秋上　二〇七　とものり「はつかりをよめる」貞応二年本）

と比して、歌ぶりは異なるにしても、訓字と仮名のバランスなど相似た印象を与える。万葉仮名が機能的に平仮名に近い性格をもっているとも言えるが、やはり一旦は漢字音に返って「加里—カリ」が得られる前者とその過程を捨象して日本語音に届く後者とでは、殊に訓字との関係が異なることになる。「秋風左牟之」は、五文字が等質の記号性をもつという前提を排除することはできないが、「秋風さむし」の訓字と仮名は最初から異質でしかない。次のような点については、平仮名であるがゆえの現象が見られる。

屏風のゑによみあはせてかきける　　坂上これのり

かりてほす山田のいねのこきたれてなきこそわたれ秋のうければ

（古今集雑上　九三二）

表記「かり」は、この歌の文理解において一義的には動詞「刈る」しか意味しない。しかし、恐らくは晩秋の田舎風景を描くのであろう屏風に対して、そこに群をなして飛ぶ雁を空間的に指して、二重に働いている。いわゆる物の名の技法である。漢字から十分に自由でない「可利」（右の字母）ではそのことは果たされにくい。そしてこの歌は、詞書に従えば、屏風に書かれていた（実際は貼り付けるか）ことになる。「かり」というまとまりが歌意とは別に外示的に働くことは、万葉訓仮名でも前掲「鳴尓鶏鵡鴨」にも見られた。しかし、それはあくまでも訓仮名が先祖返りをした結果であった。平仮名のこの現象には、表語性ということに関して、万葉仮名からは続かない質が見られる。

さらに、この屏風歌のあり方については、よく知られた業平の竜田川の紅葉を詠んだ歌と素性法師の歌（古今集秋下　二九四、二九三）を配列する、その詞書に、

二条の后の春宮のみやす所と申ける時に、御屏風に竜田川にもみちなかれたるかたをかけりけるを題にてよめる

とあることと比較する必要がある。これは、二条后（高子）が東宮御息所であった時期となるので、貞観一〇～一八年〈八六八～八七六〉の歌となる。これらは屏風の絵を見て、それを題にして詠んだのであって屏風に書くのではない。仁和元年〈八八五〉、藤原基経五十の賀に藤原敏行が菅原道真の詩を屏風に書いた（菅家文草巻二）ということの十数年前である。坂上是則は延喜から延長年間に活動した人物だから、屏風に歌を書いたのは、古今集撰進からそう溯らないことになる。貞観年間から三〇年ほどの間に、和歌とそれを記す平仮名は、古今集撰進の詔に明らかなように、王権の文学・文字となっていった。真名序が記すように、平城帝の万葉集から百年を経て、和歌は王権の文学としてよみがえったのである。

そうした観点から、新出の平仮名かとも目される資料が貞観期と判断されていることは重要であろう。そこで、既に漢字から自由な文字たりえていたのか、それともなお過渡期的な質を保っているのか、字形・字体のあり方と共にその検討が、万葉仮名との連続・不連続の如何を考えさせることになる。

注

1　テッド・チャン『あなたの人生の物語』（浅倉久志他訳　早川書房　二〇〇三・九）所収。
2　ジョン・マン『人類最高の発明アルファベット』（金原瑞人・杉田七重訳　晶文社　二〇〇四・二）
3　ジャレド・ダイアモンド『銃・病原菌・鉄　下』（倉骨彰訳　草思社　二〇〇〇・一〇）
4　尾崎雄二郎『中国語音韻史の研究』（創文社　一九八〇・二）

5　内田賢德『上代日本語表現と訓詁』（塙書房　二〇〇五・九）
6　亀井孝他『日本語の歴史2　文字とのめぐりあい』（平凡社　一九六三・一二）
7　稲岡耕二「人麻呂における時間の表現と文字」（『萬葉』一六一号　一九九七・五）
8　「上祖」という語も「祖を上《まつ》る」と使うのが漢文だから、先祖の意味で使うのは和習だとされたが、これも「遠祖」と同じ意味で六朝期から用いられた口語であった。「獲加多支鹵大王寺在斯鬼時（獲加多支鹵大王の寺、斯鬼に在りし時」という、雄略天皇の実在性が確かとなった箇所の「在」の用法も「庚子窮廃疾有りて、甚だ名を知らる。家城西に在りて（家在㆓城西㆒）、号けて城西公府と曰ふ」（世説新語・賞誉）のように見られる用法であった。
9　なお、キ乙は多く「紀」が用いられ、「貴」はこの場合のみであるが、その意図は未詳。
10　亀井孝他『日本語の歴史2　文字とのめぐりあい』（平凡社　一九六三・一二）
11　川端善明「万葉仮名の成立と展相」（上田正昭編『日本古代文化の探究　文字』社会思想社　一九七五・七）
12　小林芳規『図説　日本の漢字』（大修館書店　一九九八・一一）

コラムⅠ　上代日本語の用字法

日本語で漢字を用いる時、音と訓がある。日本語史で上代日本語と称している七、八世紀以前は漢字のみを用いて日本語を書き表していた。そのうち、音及び訓を応用した日本語の表音的表記を万葉仮名と称する。万葉集以外の文献の同種の表記もこう称することには問題もあり、後の真仮名の方が的確だが、広くこの名称が用いられている。以下、用字法の各種について示す。用例のうち該当しない部分の読みは、片仮名で示した。

表意的用法

①正音（音読みのまま用いる）

餓鬼《がき》　塔《たふ》　法師《はふし》　檀越《だにをち》

②正訓（安定した訓読みで、鮪《しび》以下の例は、単独では上代のみ見られる）

一字訓　山《やま》　月《つき》　思《おも》ふ　念《おも》ふ　鮪《しび》　多《さは》　籠《こ》　杯《つき》

熟字訓　織女《たなばた》　年魚《あゆ》　光儀《すがた》

③義訓（意義を分析的にあてる）

暖《はる》　丸雪《あられ》　偲《しの》ふ　疑《らし》（助動詞）　及《まで》（助詞）

表音的用法（万葉仮名　真仮名）

①音仮名（借音仮名）

一音節

〈無韻尾字〉阿《あ》　岐《き》　麻《ま》　与《よ》

〈有韻尾字略音　韻尾を省略〉安《あ》　吉《き》　万《ま》　欲《よ》

〈有韻尾字連合　韻尾を次の音につなぐ〉

甲斐《かひ》（国名）　南畝《なも》（助詞）

二音節（韻尾に母音を付す）

難可《なにカ》（副詞）　当都《たぎツ》（激）　鍾礼《しぐレ》（時雨）　越乞《をちこち》（彼此）

②訓仮名（借訓仮名）

一音節　名木《なぎ》（和）　根母己呂尓《ねモコロニ》（懇）　裳《も》（助詞）

多音節　益《まし》（助動詞）　鴨《かも》　谷《だに》（助詞）　慍《いかり》（碇）

熟　合　五十師《いシ》（地名）　左右《まで》（助詞）

③戯書（訓仮名、熟合仮名との区別はつけにくく、第一例のセ以下は訓仮名）

馬声《い》蜂音《ぶ》石花《セ》蜘蟵《クモ》荒鹿《アルカ》（鬱）　山上復有山《いで》（出）

十六《しし》（宍）

（内田賢徳）

コラムⅡ　上代日本語の音節

万葉集の仮名を詳しく調べると、上代日本語の音節には、九世紀以後の日本語には見られない区別が存することが分かる。「雪《ユキ》」のキ（企伎吉で表記）と「月《ツキ》」のキ（奇で表記）は異なる音節として区別されていた。ユキのキは「昨日《キノフ》、秋《アキ》」と同じで、ツキのキは「霧《キリ》、奥《オク》つ城《キ》」と同じ。二つはグループを成し、混用されない。これは音節キに二種があったことを示す。同じ区別の現象は、イ段―キヒミ、エ段―ケヘメ、オ段―コソトノヨロに存する。この現象は上代特殊仮名遣と名付けられ、区別されるそれぞれを甲類乙類といい、キ甲、キ乙のように記す（雪のキはキ甲、月のキはキ乙）。さらに古事記歌謡の仮名にはモにも同じ区別があることが分かった。この現象は九世紀には消滅するが、コだけは甲乙の区別が九世紀に残っていた。これらは母音に区別があったように見えるが、イ段エ段ではカハマ三行にしか区別がないことから、すべてを母音の区別に帰することは難しい。また、それぞれの音価がどういうものかも確定しがたい。音韻論的な解釈に定説はなく、またこれをめぐって上代日本語にはいくつの母音が存したかも諸説を見る。ただ、この音節の区別によって、語義を判断できる場合がある。例えば「恋ふ」か「乞ふ」か後には区別できない二つの動詞のコフは、恋のコはコ甲、乞のコはコ乙として区別されていたから、恋とは相手に愛を乞うことだという語義規定は誤りと分かる。

この区別は動詞の活用形に規則的に現れ、四段活用の連用形キヒミは甲類、已然形ケヘメは乙類、命令形ケヘメは甲類、上二段活用のキヒミと下二段活用のケヘメは乙類、上一段活用のキミは甲類、カ変活用の未然形命令形はコ乙、連用形キはキ甲と決まっている。また、形容詞の連体形のキは甲類である。

またこれとは別に、ヤ行のエ（ye）がア行のエ（e）と区別されていた。従って、上代、七世紀末には清音で六一種、濁音も含めると八八種の音節が区別されていたことになる。

（内田賢徳）

第一部　文字環境としての漢字文献

漢字文献の仮名とその展開
―訓字と仮名の揺らぎをめぐって―

奥田俊博

一　訓字の揺らぎと仮名―はじめに―

訓字と共に成立した万葉仮名（以下、万葉仮名を、仮名、と称する。仮名は借音字と借訓字から成る）[注1]は、基本的に表音の機能のみを担うという点で、表意の機能を担う訓字と対立的に位置付けられる。[注2]しかし、その対立は常に均一ではない。訓字と仮名は、その置かれた文字列のありように応じて、表そうとする日本語との間で幅のある様相を見せる。

まず訓字について見てみると、その幅のある様相は、例えば、次に掲げる『万葉集』の二首に見える訓字の表記に窺うことができる。

（1）秋風乃《アキカゼノ》 須恵布伎奈婢久《スヱフキナビク》 波疑能花《ハギノハナ》 登毛尓加射左受《トモニカザサズ》 安比加和可礼牟《アヒカワカレム》（巻二十・四五一五、大伴家持）

（2）春楊《ハルヤナギ》 葛山《カヅラキヤマニ》 発雲《タツクモノ》 立座《タチテモヰテモ》 妹念《イモヲシゾオモフ》（巻十一・二四五三、柿本人麻呂歌集）

（1）は、天平宝字二年七月に大原今城の宅で大伴家持が詠んだ歌であり、（2）は、柿本人麻呂歌集所載の歌である。『万葉集』は、歌の表記から見てみると、訓字を主体とする訓字主体表記巻（巻一～四・六～十三・十六・十九）と借音字を主体とする仮名主体表記巻（巻五・十四・十五・十七・十八・二十）とに大別される。（1）は仮名主体表記巻の歌であり、（2）は訓字主体表記巻の歌である。

（1）の歌について、内田賢徳『上代日本語表現と訓詁』（第二章第二節「萬葉歌の中の漢字表現―訓字と仮名をめぐって―」、塙書房、二〇〇五年、初出は一九九七年）は、次のように述べる。

> 訓字が二箇所混じる表記は、その二語「秋、花」がア、ナという歌中に他にもある（安、奈）音をもっため、同じ仮名の重用を避ける効果も考えられるが、それならなおのこと、「秋風」「花」といういかにも平易な訓字は、ここで仮名と等質なのである。

仮名主体表記の歌に見える訓字が仮名の性質を有することについて、蜂矢宣朗「萬葉集における活用語尾の表記―動詞の部―」（「山邊道」6号、一九六〇年）は、『万葉集』巻十四・巻十五・巻十七・巻十八・巻二十において「見流《ミル》」「経礼《フレ》」のような四段活用以外の連体形・已然形の添加語尾が表記される例がほとんどであること、訓字「見《ミ》」「経《フ》」が仮名のような意識で用いられているであろうことを指摘する。また、川端善明「万葉仮名の成立と展相」（上田正昭編『日本古代文化の探究　文字』社会思想社、一九七五年）は、『万葉集』巻十四に収録されている東歌について、「音仮名統一の表記の中に、一音節正訓字に限って交用される。一音節という形態の中で、正訓字は言わば訓仮名性を与えられているとも考えられる」と述べる。仮名主体表記の歌における訓字が仮名の性質を有することを認めた場合、その性質は均一ではなく、訓字の字母や、歌の中における訓字の位置等によっても異なっていると考えられるが、[注3]その異なりも含めて、訓字が有する表意の機能に幅があると言える。

一方、（2）の類の歌は、固有名詞以外は訓字のみで表記されている。『万葉集』に収録されている柿本人麻呂歌集の表記は、大きく、訓字と仮名を併用する非略体歌と訓字を主体とする略体歌とに分けられ、（2）の歌は略体歌として位置付けられる歌である。当該歌が一句二字で整斉された表記になっていることは、すでに『萬葉集総釈』（巻十一・春日政治担当）、澤瀉久孝『萬葉集注釈』が指摘するところであり、その表記に意図が認められるが、表記しようとする日本語との対応は、（1）の「秋風《アキカゼ》」「花《ハナ》」や仮名主体表記巻の「見《ミ》」「経《フ》」とは異なり緊密ではない。解釈する側からすれば、伝本の訓や上代の歌の類句等を参照しながら訓みを検討する手続きが求められるが、「春楊葛山発雲立座妹念」という原文から、一首の訓みを即座に導き出すことは困難であろう。（注4）ここで注意したいのは、訓字における日本語と漢字との対応が緊密でなく、一定の日本語の語形に即座に対応していない訓字も見受けられる、という点である。（注5）

このような訓字における日本語と漢字との対応の緊密性が一様でないことは、『古事記』の訓字についても指摘することができる。たとえば、

（3）　豊葦原之千秋長五百秋之水穂国者伊多久佐夜芸弖〔此七字以レ音〕有那理〔此二字以レ音、下效レ此〕　（上巻・国平御議の段）

の「有」は、先掲の『万葉集』の仮名主体表記巻の訓字に近しい。（3）の「有」は、前後の借音字「伊多久佐《イタクサ》夜芸弖《ヤギテ》〔此七字以レ音〕」「那理《ナリ》〔此二字以レ音、下效レ此〕」の間に位置して、「アリ」と訓まれる訓字として用いられている。このような借音字を中心とする文字列において「アリ」の語形を表記するのに訓字を用いるのは一つの選択であり、借音字を用いることにより借音字を連続させる表記を選択することも可能である。実際、

（4）　葦原中国者伊多玖佐夜芸帝阿理那理〔此十一字以レ音〕　（中巻・神武天皇）

のように借音字の連続において「アリ」が借音字で表記されている例も見える。

一方、訓字における日本語と漢字との対応が緊密でなく、一定の日本語の語形に即座に対応していない例として、

（5）此、謂二意富多々泥古一人、所三以知二神子一者、上所レ云活玉依毘売、其容姿端正、於是、有二壮夫一、其形姿威儀、於レ時無レ比、夜半之時、儵忽到来、故、相感、共婚供住之間、未レ経二幾時一、其美人妊身、爾、父母恠二其妊身之事一、問二其女一曰、汝者自妊、無レ夫何由妊身乎、答曰、有二麗美壮夫一、不レ知二其姓名一、毎レ夕到来、供住之間、自然懐妊（下略）（中巻・崇神天皇）

（6）其伊呂兄意祁命奏言、破二壊是御陵一、不レ可レ遣二他人一、専僕自行、如二天皇之御心一、破二壊以参出、爾、天皇詔、然、随レ命宜二幸行一、是以、意祁命自下幸而、少掘二其御陵之傍一、還上復奏言、既掘壊也、爾、天皇異二其早還上一而詔、如何破壊、答白、少掘二其陵之傍土一（下略）（下巻・顕宗天皇）

などの正格の漢文に近い文章が挙げられよう。（注6）（5）（6）に用いられている訓字は、（3）の「有《アリ》」のように、一定の語形の日本語と緊密に対応しているわけでない。これらの訓字は、柿本人麻呂歌集略体歌の訓字に親近する。

このような訓字における日本語と漢字との対応が緊密でない様相は、滋賀県北大津遺跡から出土したいわゆる「音義木簡」の「誈　阿佐ム加ム移母」のような和訓と表裏の関係にある。この「誈　阿佐ム加ム移母」について、東野治之『日本古代木簡の研究』（第二部・「平城宮木簡中の『葛氏方』断簡―習書と木簡―」塙書房、一九八三年）は、「「誈」は誣（あざむく）の異体であるが、その下には終止形の「あざむく」ではなく「阿佐ム加ム移母」（あざむかむやも）という反語形が注されている。これは「誣」が、この抄出の原拠となった文章中において反語形で用いられているためと考える他はない」と解し、内田賢德前掲書（序章・第二節「倭語を記すこと」）は、「臨時的で恣意的なその倭語の文の性格は、反語形式としての異例に現れてもいる。かつその一方で、それが倭

語の文、さらには文体への志向を内包することも見ておかなければならない。この資料の在ること自体が、漢文の倭語での訓み方が、学習という場で伝えられるほどの固定性を有していたことを示してしまう」と述べる。この終止形ではなく反語の表現になっている和語が、臨時的・恣意的であるとともに、漢文を和語で訓む中で固定性をも担保していると理解するならば、同様のことは、和語に基づいた正格の漢文に近い文章においても言えるであろう。すなわち、（5）（6）のような和語に基づいた正格の漢文に近い文章に見える訓字は、訓字が有する意味と対応する日本語との対応が緊密でなく、その訓みが臨時的・恣意的であるとしても、訓むかぎりにおいて和訓として成り立つものであったろう。

（1）（3）の訓字は訓が定着しており、語形が明確であるという点で仮名的な性質を有するが、（2）（5）（6）の訓字は語形の明確さよりも、意味（訓）を表すことに重点を置いているという点で、（1）（3）の訓字とは異なった様相を呈する。訓字において、これまで見てきたような日本語の語形との対応の揺らぎを認めた場合、仮名はどのような様相を窺うことができるのであろうか。また、訓字と仮名の相関はどのようなものか。このような問題意識のもとに、本稿では、上代の漢字文献のうち、『古事記』『万葉集』を中心に取り上げ、仮名のありようについて検討を行いたい。

二　『古事記』『万葉集』における仮名の用法

仮名の使用は早くから日本固有の人名・地名に見られ、知られるように、隅田八幡宮人物画像鏡銘や稲荷山古墳出土金錯銘鉄剣の銘文に「意紫沙加《オシサカ》宮」「斯麻《シマ》」「多加利足尼《タカリスクネ》」「多加披次獲居《タカハシワケ》」などの借音字による表記が見える。推古遺文においては、借音字とともに借訓字が固有名詞の表記に用いられる例が見え、七世紀中頃には、仮名のみで表記された歌が記載された木簡も見られるようになる。[注7]このような仮名による表記の展開を踏まえて、仮名の用例が多く、用法が多様な『万葉集』について概観してみたい。

訓字主体表記巻における仮名は、おおよそ自立語は訓字の使用が優勢であり、付属語は自立語に比して仮名の使用が多い、という緩やかな傾向が認められる。井手至『遊文録　国語史篇二』（第二篇第一章「仮名表記される語彙」、和泉書院、一九九九年）は、訓字にすることが困難な日本語特有の語であること、ならびに、とりわけ助詞の表記においては仮名で表記することにより文節の切り目を示す役割を担っていることを指摘した。さらに、訓字主体表記巻には、「名種《ナグサ》む」「言借《イフカシ》」などの部分的または全面的に特定の仮名が使用される表記や、「千《チ》磐破《ハヤブル》」「安見知之《ヤスミシシ》」などの表音を意図した表記でありながら表意を兼ねた表記が認められ、[注8]それらは、訓字に対して仮名が有する異質性を回避しようとしたものであると述べる。また、借訓字については、橋本四郎「訓仮名をめぐって」（『萬葉』33、一九五九年）が、訓字と借音字との「断層」を埋める位置に借訓字が使用されやすいことを指摘する。

対して『万葉集』仮名主体表記巻の仮名について言えば、乾善彦『日本語書記用文体の成立基盤―表記体から文体へ―』（第二章第七節「万葉集「仮名書」歌巻の位置」、塙書房、二〇一七年）が指摘するように、上代文献全体に共通する要素が多く、資料性の差は認められるが、全体として基盤となるような仮名字母が存在する。『万葉集』の仮名の用法はおおよそ以上のことが言えるが、訓字主体表記巻における仮名の中には、訓字による表記が可能だと判断される例も見える。

まず、取り上げたいのは、『万葉集』における誤読を回避するための仮名の使用である。

（7）吾念乎《ワガオモヒヲ》 人尓令知哉《ヒトニシルレヤ》 玉匣《タマクシゲ》 開阿気津跡《ヒラキアケツト》 夢西所見《イメニシミユル》（巻四・五九一、笠郎女）

（8）如是有乃《カカラムト》 予知勢婆《カネテシリセバ》 大御船《オホミフネ》 泊之登万里人《ハテシトマリニ》 標結麻思乎《シメユハマシヲ》（巻二・一五一、額田王）

（9）鹿脊之山《カセノヤマ》 樹立矣繁三《コダチヲシゲミ》 朝不去《アササラズ》 寸鳴響為《キナキトヨモス》 鶯 之音《ウグヒスノコヱ》（巻六・一〇五七、田辺福麻呂歌集）

（7）では、「アク」が仮名で表記されている。「開」は、「玉匣《タマクシゲ》 開而左宿之《アケテサネニシ》」（巻十一・二六七八）のように「アク」の訓字としても使用されているが、当該歌では、「ヒラク」の訓字として使用されているために仮名で表記したと判断される。（8）も同様であり、「泊」は、「ハツ」の他に、「懸而榜舟《カケテコグフネ》 泊不知毛《トマリシラズモ》」（巻六・九九八、船王）などのように、「トマリ」の訓字としても使用される。ここでも、同一の訓字が異なる語を表すのを回避するために仮名が選択されたと考えられる。（9）は、「寸」を「来」と表記した場合、「朝不去来鳴響為」となり、「去来」と熟字になるのか、「不去」で切れるのか、にわかに判断し難い。

また、『万葉集』の仮名は、訓字に後接して、「訓字—仮名」というまとまりを持たせることによって、文節や句の切れ目を示すが、中には、訓字による表記が可能な自立語を仮名で表記して句の切れ目を示す場合がある。その例として、

（10）朝日弖流《アサヒテル》 佐太乃岡辺尓《サダノオカヘニ》 群居乍《ムレヰツツ》 吾等哭涙《ワガナクナミタ》 息時毛無《ヤムトキモナシ》（巻二・一七七）

（11）振別之《フリワケノ》 髪乎短弥《カミヲミジカミ》 青草乎《アヲクサヲ》 髪尓多久濫《カミニタクラム》 妹乎師僧於母布《イモヲシゾオモフ》（巻十一・二五四〇）

の（10）「弖流《テル》」、（11）「於母布《オモフ》」などが挙げられる。『万葉集』では「テル」「オモフ」の訓字として、「照」「思・念」が通行しているが、ここで仮名で表記されたのは、句の切れ目を示そうとする志向も与っていたと看取される。

その他、訓字による表記が可能だと判断される仮名の例として変字法において使用された仮名が挙げられる。（注9）

（12）　吾《ワレ》者《ハ》毛《モ》也《ヤ》 安《ヤス》見《ミ》児《コ》得《エ》有《タリ》 皆《ミナ》人《ヒト》乃《ノ》 得《エ》難《カテ》尓《ニ》為《ス》云《トイフ》 安《ヤス》見《ミ》児《コ》衣《エ》多《タ》利《リ》（巻二・九五、藤原鎌足）

（13）　朝《アサ》毛《モ》吉《ヨシ》 木《キ》人《ヒト》乏《トモシ》母《モ》 亦《マツ》打《チ》山《ヤマ》 行《ユキ》来《ク》跡《ト》見《ミ》良《ラ》武《ム》 樹《キ》人《ヒト》友《トモ》師《シ》母《モ》（巻一・五五、調淡海）

（12）の第二句では「安見児得有《ヤスミコエタリ》」の「得」のように訓字で表記されるが、結句の「安見児衣多利《ヤスミコエタリ》」では、「衣」のように借音字で表記される。（13）は、第二句と結句が同一句であり、第二句が訓字「乏」で表記され、結句が仮名「友」「師」で表記される。この「友」「師」は、歌中の「人」と関連した表意性を有する仮名として捉えられる。

以上のように『万葉集』の仮名について概観できるが、これに対し、『古事記』の仮名は、その多くが、通常の訓字では表記することが容易でないと判断される語に対して用いられていると認められる。

しかし、『古事記』に用いられる仮名のうち、借音字については、訓字による表記が一般的な語にも使われることがある。これには、おおよそ〔1〕訓字で表記された場合、他の訓で訓まれる可能性が存するもの、〔2〕借音字を連続させようとする志向が認められるもの、という二つの類型を指摘することができる。前者は、訓字主体の文章における借音字の異質性を利用したものであり、後者は、訓字主体の文章における借音字の異質性を軽減しようとするものである。(注10)

〔1〕の例として、

（14）　於是倭建詔云、伊奢合レ刀（中巻・景行天皇）

の「伊奢《イザ》」などが挙げられる。この「伊奢《イザ》」は、倭建命の出雲建への誘いの言葉である。「去来」または「率」の訓字で表記したならば、即座に「イザ」と訓むことが容易でないために仮名で表記したものと考えられる。つまり、『万葉集』と同様、誤読を回避するために仮名で表記される例と考えられる。

また、〔2〕の例としては、先掲（4）の「葦原中国者伊多玖佐夜芸帝阿理那理此十一字以レ音」（中巻・神武天皇）の「阿理《アリ》」や

（15）約竟以廻時伊耶那美命先言、阿那迩夜志愛上袁登古袁此十字以レ音。下効レ此

（上巻・美斗能麻具波比の段）

の「袁登古《ヲトコ》」が挙げられる。（4）の「阿理《アリ》」については、『古事記』に、「我子者不レ死有祁理此二字以レ音、下効レ此」（上巻・天若日子の段）、「又問、有二汝之兄弟一乎、答白、我姉石長比売在也」（上巻・大山津見詛の段）など、「有」「在」の訓字が見える。（15）では、「ヲトコ」が「袁登古《ヲトコ》」と借音字で表記されているが、『古事記』では「壮士」「男」のような訓字による表記が可能である。つまり、これらの例は、句のまとまりを表すために借音字を連続させて表記したものと考えられる。

一方、『古事記』の借訓字は、訓字または借訓字と同一の環境に用いられやすい。『古事記』の借訓字は、訓字の使用に近親することによって訓みの円滑さに寄与している。[注11]

仮名とは、漢字が有する意味を捨象し、和語の語形を表すのを本来的な目的として使用される漢字と規定されるが、仮名が漢字である限りにおいて、漢字が有する意味を常に捨象しているのではない。先に、『古事記』『万葉集』には、日本語の語形と漢字との対応が緊密な、仮名の性質を帯びた訓字とともに、訓字における日本語と漢字との対応が緊密でなく、一定の日本語の語形に即座に対応していない訓字も見受けられることを述べたが、仮名においても、漢字の有する意味との対応を捨象した仮名とともに、漢字の有する意味の捨象が常態とならず、漢字が有する意味を喚起する仮名の用法も見受けられる。[注12]

『万葉集』に見える表意性を有する仮名は多岐にわたり、先に引用した「千磐破《チハヤブル》」「安見知之《ヤスミシシ》」「友師《トモシ》」も表意

性を有する仮名として位置付けられるが、『万葉集』に見える表意性を有する仮名の類型化を試みるならば、おおよそ、語義に対する理解を反映した仮名、歌中の用字と対応する仮名、および、歌の内容に対応する仮名、の類型が認められる。それぞれの例として、

（16）黒牛乃海《クロウシノウミ》　紅《クレナヰ》　丹穂《ニホ》経《フ》　百磯城乃《モモシキノ》　大宮人四《オホミヤヒトシ》　朝入為良霜《アサリスラシモ》（巻七・一二一八、藤原房前か）

（17）百済野乃《クダラノノ》　芽古枝尓《ハギノフルエニ》　待春跡《ハルマツト》　居之鶯《ヲリシウグヒス》　鳴尓《ナキニ》鶏鵡鴨《ケムカモ》（巻八・一四三一、山部赤人）

（18）一日《ヒトヒニハ》　千重敷布《チヘニシクシク》　我恋《アガコフル》　妹当《イモガアタリニ》　為暮《シグレ》零見《フルミユ》（巻十・二二三四、柿本人麻呂歌集）

を挙げることができる。

（16）の借訓字「丹穂《ニホ》」は、語義に対する理解を反映した仮名である。「丹穂《ニホ》」はその文字列から丹色の穂の意を表し、それは、「ニホフ」の語義に関連して一つの具体を呈示した表記になっている。つづく（17）の結句の借音字「鶏《ケ》」「鵡《ム》」と借訓字「鴨《カモ》」は、歌中の用字と対応する仮名であり、これらの仮名は、第四句の訓字「鶯《ウグヒス》」に類の関係として対応している。（18）の結句にある「為暮《シグレ》」は、歌の内容に対応する仮名である。この「為暮《シグレ》」について、內田賢德前掲書（第二章第五節「萬葉しぐれ攷」）は、借訓字「為暮」の表象する意味が歌の含意を表すと解する。「為暮」の表記から喚起される、まさに暮れようとする、という意味が、恋人を思慕しつつ日中を過ごすという歌に表現される内容と関連しよう。

（19）玉藻苅《タマモカル》　奥敝波不榜《オキヘハコガジ》　敷妙乃《シキタヘノ》　枕之辺人《マクラノアタリ》　忘可祢津藻《ワスレカネツモ》（巻一・七二）

右の（19）の歌では、初句「玉藻苅《タマモカル》」の訓字「藻《モ》」と結句「忘可祢津藻《ワスレカネツモ》」の借訓字「藻《モ》」が併用される。（19）の借訓字「藻《モ》」の直前の借訓字「津《ツ》」が第二句の「奥《オキ》」と意味的に対応することを考慮すると、結句の借訓字「津《ツ》」「藻《モ》」は歌中の用字と意味的に対応する仮名として位置付けることが可能であろう。仮名は、漢字が有する

意味を捨象し、語形を表すのを本来的な目的として使用される漢字と述べたが、訓字主体表記巻における実際の運用においては、仮名は訓字と隣り合わせであった。実際の運用において、仮名は、漢字である限りにおいて、訓字として用いられる漢字との同質性を捨象することができなかったと考えられる。

『万葉集』に見える表意性を有する仮名は、主に訓字主体表記巻において用いられるが、仮名主体表記巻においては、「河波《カハ》」「烏梅《ウメ》」などといった語義に対する意識を反映した仮名が限定的に用いられる。一方、『古事記』に見える表意性を有する借訓字は、語の意味や神名の解釈に対する理解を反映した借訓字とともに、列挙される神名・人名と関連する借訓字や記事の内容とも関連する表記も見える。（注13）語の意味に対する意識を反映する借訓字は『万葉集』にも見えるが、神名に見える表意性を有する借訓字は、『万葉集』において一般的でない。

三　歌の表現と仮名・平仮名

上代においては、平仮名のように見える字があるが、部分的な使用に留まる。上代における仮名らしい仮名は、広義には、仮名主体の表記を指す。そこにある仮名は、おおよそ、〔1〕仮名の字母が有する意味の捨象、〔2〕仮名の連続的な使用、が条件となる。この条件を満たしたのは歌・歌謡の表現であった。『古事記』『日本書紀』の歌謡についても、右の〔1〕〔2〕の条件を満たしている。これは、『古事記』『日本書紀』に限らず、仏足跡歌や、仮名で表記された木簡の歌を含め、古代における歌・歌謡の書かれたものの一つの様式として定着したものであった。

一方、『古事記』の散文においては、仮名らしい仮名である仮名主体の表記は実現しなかった。右の〔1〕〔2〕

の条件は、訓字の併用において、音読注の多用に助けられながら、限定された範囲で満たすことができた。『古事記』においては、膨大な内容を有する文章を、「故」「爾」「次」「於是」などの文の接続を表す用字や、「也」「耳」「乎」などの文末を表す用字を多用することによって表現することが可能になった。さらに、これらの用字に依存しながら、借音字の字母の限定や音読注の多用によって、仮名であること、および、意味の区切りを示すことにより、限定的な仮名の使用が可能になったと言える。（注14）

平仮名の成立については、「表語性の払拭」（川端善明前掲論文）が重要な条件として挙げられる。また、犬飼隆『上代文字言語の研究［増補版］』（第一部第一章「万葉仮名に内含されていた片仮名・平仮名への連続面」、笠間書院、二〇〇五年）が指摘するように、平仮名の成立には「漢字離れ」「清濁書きわけの消滅」「識字層の拡大」の要因が認められ、より多数の人が万葉仮名を使えるようになったことが仮名から平仮名への質的転換をもたらしたと考えられる。平仮名の成立に関わる仮名は、日常的・実用的な仮名であり、『古事記』『万葉集』の仮名は、より「精錬」（犬飼隆『木簡による日本語書記史』（第七章「古事記と木簡の漢字使用」、笠間書院、二〇〇五年）された用法になっている。

仮名と平仮名とは語形の明示の機能を担う点で共通する。語形を明示することの必要性は、表現する側にも理解する側にも、様々な場面で必要であったであろう。漢字の和訓の提示もその一つであるが、歌の表現・理解においては、清濁を区別しない平仮名の使用が求められたであろう。

すでに歌・歌謡において、仮名主体の表記は実現されており、平仮名による表記も、歌においてなされた。歌の表記が、日常的・実用的な文字使用の延長にあるという理解も必要であろうが、それとともに、歌の表現のありかたも平仮名の使用に関連しよう。

小松英雄『みそひともじの抒情詩 古今和歌集の和歌表現を解きほぐす』（序論2「複線構造による多重表現」、笠間書院、二〇〇四年）は、平安時代前期に成立した「和歌」を、奈良時代以前の「短歌」と明確に区別して「短歌を換骨奪胎し、新たな理念のもとに再形成された韻文のジャンル」として捉え、その転換が、平安初期に仮名の体系が形成されたことによって可能になったと説明する。確かに、「短歌」と「和歌」とは異なるところが多い。たとえば、歌の表現技法の一つである懸詞においても、『万葉集』の懸詞と『古今和歌集』の懸詞とは差がある。しかし、その一方で、両者は懸詞として連続的に捉えられる側面も有する。

懸詞は、時枝誠記『国語学原論』（第二編第六章「国語美論」、岩波書店、一九四一年）が「一語を以て二語に兼用し、或は前句後句を、一語によつて二の異つた語の意味に於いて連鎖する修辞学上の名称」と定義する。その後、井手至「掛け詞」（『月刊文法』1-4、一九六九年）は、「連鎖型の掛詞」と「含蓄型の掛詞」に区分した。また、柿本奨「掛詞のかたち─後撰集を中心に─」（『国語国文』38-10、一九六九年）は、「連鎖型」と「兼用型」に区分し、さらに「兼用型」のもとに、「両立」と「響かす」の型があるとした。両者の分類に差があるのは、井手至前掲論文が『万葉集』を主対象としたのに対し、柿本奨前掲論文が『後撰和歌集』を主対象にしたという文献の差によるところが大きい。

次に掲げるのは、『古今和歌集』の歌に用いられた懸詞である。（注15）

（20）　題しらず
うきめのみおひて流るる浦なればかりにのみこそあまはよるらめ
（恋五・七五五、よみ人しらず、《流るる》と《泣かるる》）

（21）　ひたちへまかりける時に、藤原のきみとしによみてつかはしける

あさなけに見へき丶みとしたのまねば思ひ立ちぬる草枕なり

（離別・三七六、寵、《君とし》と《公利》、《思ひ立ち》と《常陸》）

（20）の懸詞は、兼用型（響かす）の懸詞である。兼用型の懸詞はすでに『万葉集』から見られるが、当該歌の「流れて」と「泣かれて」は隣接的な関係（換喩的な関係）にあり、[注16]『万葉集』にはない表現性を獲得している。一方、（21）は（20）と同じく兼用型（響かす）の懸詞であるが、懸詞の発想として物名歌に親近する。川端善明前掲論文は、平安時代初期の物名歌における詠まれた場面について、『万葉集』数種物歌が詠まれた場面との連続性を指摘する。

このような歌の表現は、散文の表現と融合的になっていく。たとえば、『土佐日記』には次のような例が見える。[注17]

（22）廿二日にいづみのくにまでとたひらかに願たつ。ふぢはらのときざね、ふなぢなれど、むまのはなむけす。かみなかしも、ゑひあきて、いとあやしく、しほうみのほとりにて、あざれあへり。

（十二月二十二日）

（23）廿二日、よんべのとまりより、こと丶まりをおひてゆく。はるかにやまみゆ。としこ、のつばかりなるをのわらは、としよりはをさなくぞある。このわらは、ふねをこぐまに〳〵やまもゆくとみゆるをみて、あやしきこと、うたをぞよめる。そのうた、

こぎてゆくふねにてみればあしひきのやまさへゆくをまつはしらずや

とぞいへる。をさなきわらはのことにては、につかはし。けふ、うみあらげにていそにゆきふり、なみのはなさけり。あるひとのよめる、

なみとのみひとへにきけどいろみればゆきとはなとにまがひけるかな　（一月二十二日）

（22）では、「あざれ」に「腐《あざ》れ」と「戯《ざ》れ」が懸けられており、これも兼用型（響かす）の例といえる。また、（23）の「磯に雪ふり浪の花さけり」は、歌ことばに基づく表現である。『土佐日記』の文章については、奥村悦三「貫之の綴り方」（「叙説」33、二〇〇六年）が、「日本語散文の最古の例の一つである正倉院仮名文書が、例えば「一…／一…」という漢字文書の型に、むりやりに伝達内容を嵌めこもうとしているらしいのに酷似していて、この最初期の日記文学にも、文章として生硬さが感じられる」と評する。日常の漢文日記の形式に押し込めた散文は、歌の表現を取り入れた散文の表現だったと看取される。平安時代に入っても、和化漢文体や宣命体が文章の目的に応じて用いられていることを勘案すると、日常的実用的な平仮名の使用が『土佐日記』の散文の表現を可能にした、という捉え方とともに、『土佐日記』で目指した散文の表現が、歌に用いられる平仮名が有する特性、すなわち、語形の表現・理解における複層性を応用して、散文における平仮名の使用に展開させていったという捉え方も必要であろう。

四　仮名の揺らぎと平仮名―おわりに―

これまで、『古事記』『万葉集』を中心とした仮名の様相、仮名と表意性、仮名らしい仮名の条件、歌の表現技法と平仮名との関係等について検討してきたが、最後に、これらの検討を踏まえ、『古事記』『万葉集』で使用されている仮名が平仮名とどのように連続するか、という点について検討したい。

（24）天皇、詔二小碓命一、何汝兄、於二朝夕之大御食一、不二参出来一。専汝泥疑教覚。泥疑二字以レ音。下效レ此。如レ此詔以後、至二于五日一、猶不二参出一。爾、天皇問二賜小碓命一、何汝兄、久不二参出一。若有レ未レ誨乎、答白、既為二泥疑一也。又詔、如何泥疑之、答白、朝署入レ厠之時、待捕搤批而、引二闕其枝一、裹レ薦投棄

（『古事記』中巻・景行天皇）

(25)　故、登二立其坂一、三歎詔云阿豆麻波夜自レ阿下五字以レ音也。　故、号二其国一謂二阿豆麻一也（同右）

(24)に見える三例の「泥疑《ネギ》」については、吉井巌『ヤマトタケル』（二―3「小碓命の話」、学生社、一九七七年）は、「ねぎ」の語が話の展開の鍵になっており、この語が有する意味の取り違えによる話だと捉える。すなわち、天皇が小碓命の立場に立って、上位者の兄に向って「願え」という意味で「ねぎ教えさとせ」と言ったのに対し、小碓命は、朝夕の食事に姿をみせない兄を、よくねぎらってやれ、と言われたものと解釈し、自分流にたっぷり可愛がってやったと答える話として解釈する。

つづく(25)は、妻の弟橘姫を失った倭建命が足柄坂の上に立って、「阿豆麻波夜《アヅマハヤ》」と言った記事である。この「阿豆麻《アヅマ》」については、山口佳紀『古事記の表記と訓読』（有精堂、一九九五年）が「吾妻」と「東」の意味を同時に含んだ「掛け言葉のような役割を果たしている」と解する。

一方、『万葉集』については、先に『古今和歌集』に用いられる懸詞との関係について言及したが、次に掲げるような例も見える。

(26)　千鳥鳴《チドリナク》　佐保乃河門乃《サホノカハトノ》　瀬乎広弥《セヲヒロミ》　打橋渡須《ウチハシワタス》　奈我来跡念者《ナガクトオモヘバ》（巻四・五二八、大伴坂上郎女）

右の(26)の歌の結句の「奈我来《ナガク》」については、藤原芳男『萬葉作品考』（「二　ねもころに君が聞こして―大伴坂上郎女私攷―」、和泉書院、一九八四年）が「長く」との懸詞と解し、伊藤博『萬葉集釈注』が従う。また、『新日本古典文学大系　萬葉集』は、「結句「汝が来」の「な」は多く男性から女性に対して言う。ここで女性か

ら男性に「な」と言ったのは、「橋」の縁語として「長く」の意を込めた技巧と思われる」と施注する。『新日本古典文学大系　萬葉集』のように理解するならば、懸詞の二語の関係は、「橋」が縁語となった隣接の関係にあり、『古今和歌集』の懸詞に近い。

仮名から平仮名への展開は、日常的・実用的な仮名・平仮名の使用を基盤にしている。また、歌・歌謡に用いられる仮名・平仮名（落書のようなものもあれば、書芸術に位置付けられるようなものもある）と、歌の表現を取り入れた散文に用いられる仮名・平仮名との間には「隔たり」が認められる。その「隔たり」を踏まえ、ことばの表現に重点を置いて見た場合、仮名から平仮名への展開は、日常的・実用的な仮名・平仮名の使用の基盤に立って、歌・歌謡に用いられる仮名・平仮名の使用が一つの流れとして展開し、さらに、歌・歌謡の流れを基にして、歌の表現を取り入れた散文における平仮名が使用されるに至った、と概括することが可能であろう。

一方、仮名の有する性質に重点を置いて見た場合、上代における仮名は、漢字で表記される限りにおいて、常に訓字との緊張のある関係の中に位置付けられる。仮名が訓字と隣り合わせでなく、常に仮名として認識されるためには、先掲の〔1〕〔2〕の条件が確保されるような文字環境、すなわち、仮名の連続の中で、常に漢字の有する意味を捨象するという文字環境が求められる。だが、それはあくまでも、一つの選択された表記の様式である。上代にあっては、先述したように、『古事記』『日本書紀』の歌謡、仏足跡歌等が相当する。

仮名が訓字との緊張のある関係の中に位置付けられるのと平行的に、訓字もまた仮名との併用において、本稿冒頭で述べたような「揺らぎ」が認められた。訓字においては、日本語と漢字との対応が均一でなく、一定の日本語の語形を表す訓字から一定の日本語の語形に即座に対応しない訓字まで幅のある様相を見せる。柿本人麻呂歌集の略体歌は、巻七・巻十〜巻十二に見えるが、これらの巻には、訓字と仮名を併用して表記した歌も多数収録されている。(注18)これらの歌巻は、巻単位で見れば、訓字が有する揺らぎを活かした歌巻であると位置付けられよう。また、『万葉集』訓字主体表記巻において、「去家而《タビニシテ》」（巻十二・三一三三）の「去家《タビ》」、「妹目不数見而《イモガメカレテ》」（巻六・九四二、山部赤人）の「不数見《カレ》」、「丸雪降《アラレフリ》」（巻七・一二九三、柿本人麻呂歌集）の「丸雪《アラレ》」などの義訓が盛行したのも、この揺らぎが関係しよう。訓字における日本語と漢字との対応が均一でないことが、義訓において訓字の有する意味と表そうとする語形が有する意味との間に解釈や比喩が介在することを可能にしたと言える。訓字の揺らぎは、より全体的に見るならば、漢文を日本語としてどのように理解し訓むか、という問題の中で把捉される問題であると言えるが、(注19)文字表現のありように重点を置くならば、訓字の揺らぎは、『万葉集』訓字主体表記巻においては、積極的な文字表現へと繋がるものであった。

一方、仮名においても、仮名となる漢字が有する意味を常に捨象しているのではなく、仮名が表意性を有する場合があった。その表意性は、二次的に獲得された、と捉えるよりも、訓字と併用される限りにおいて、意味の捨象と表裏の関係で意味を表すものであったという捉え方が適切ではあるまいか。仮名が漢字で表記される限りにおいて、表語性を払拭することは困難であった。仮名は、訓字と併用される状況では、常に表語性との間での揺らぎを有する。この仮名の有する揺らぎも、表意性を有する仮名、固定的な仮名の使用や、戯書の使用も含め、『万葉集』において文字表現の広がりに寄与している。

『万葉集』仮名主体表記巻において訓字が仮名的な性質を有することと、表意性を有する仮名や義訓の使用が一般的でないこととは表裏の関係にある。本稿冒頭（1）の歌の「秋風《アキカゼ》」「花《ハナ》」は、訓が固定化されており、その固定のありようが仮名が表す音の固定のありようと通ずるところがあった。そこでは、表意性を有する仮名や義訓といった仮名・訓字の揺らぎを積極的に利用した修辞的な文字表現は排除されるものであった。とはいえ、訓字と仮名とが同質の字体で表記される限りにおいて、仮名が表語性を払拭することはできず、同一字における訓字と借音字の併用の回避や、[注20]訓字と仮名の混用の回避といった表記の工夫を行う必要があった。仮名がさらに突き抜けて、表語性を払拭し、訓字と字体を同質にならないようにするという表記法の基盤が、上代において、用字の面においても歌の表現の面においても整えられつつあったと言えるが、総体的には、仮名が訓字とともに、または訓字と対比的に、漢字として表記される様式が主流であったと言える。

注

1　「借音字」「借訓字」については、研究者によって呼称が異なり、「借音字」は、「音仮名」「音借字」などと称され、「借訓字」は「訓仮名」「訓借字」などと称される。本稿では、先行研究からの引用を除いては、「借音字」「借訓字」の用語を用いる。

2　訓字は、おおよそ「正訓」（「正字」とも称される）と「義訓」（「義読」とも称される）に分けられるが、正訓と義訓とは連続的である。その点については、拙著『古代日本における文字表現の展開』（第一編第二章第二節「『万葉集』の義訓」、塙書房、二〇一六年）を参照。

3　この点に関連して『万葉集』巻十七における一音節の訓字の様相について検討した論考として、尾山慎「万葉集仮名主体表記歌巻における単音節訓字―巻十七を中心に―」（「美夫君志」92、二〇一六年）を参照。また、訓字における訓の密着度については、同「字と音訓の間」（犬飼隆編『古代文学と隣接諸学4　古代の文字文化』竹林舎、二〇一七年）を参照。

4　（2）の歌について、かめいたかし『ことばの森』（Ⅰ・「『万葉集』はよめるか」、吉川弘文館、一九九五年）は、「和歌の一句一句にすべて漢字二字を配して書いたこの表記が高度に意図的なものであることは一見あきらかである。うまく、第四句目の下に無韻尾の字が来て、ほかはすべて鼻にぬける有韻尾の文字を末に置きうるという見とおしが見らるるがごとき技巧的な構成へひとをいざなったものかとも思われる」と評し、このような文字表現について、表そうとする日本語への翻訳を求めるような漢文に仕立てた、という逆説的な評価をしたくなるほどに、訓むことが困難である犠牲を覚悟した文字表現である旨を述べている。

5　ただし、（2）の歌のような表記が可能な文字環境については、別途検討が必要となる。柿本人麻呂歌集の表記については、史的展開や文字表現のありようを視野に入れた検討がなされており、最近では、柿本人麻呂歌集を「儀式・宴席用模範歌句集」と位置付ける犬飼隆『儀式でうたうやまと歌　木簡に書き琴を奏でる』（第七章「八世紀の日本社会のなかの音楽と日本語の歌」、塙書房、二〇一七年）の説が注意される。また、略体歌については、柿本人麻呂歌集歌ではない「人言《ヒトゴトヲ》　繁跡妹《シゲミトイモニ》　不《アハ》相《ズシテ》　情　裏《ココロノウチニ》　恋比日《コフルコノコロ》」（巻十二・二九四四）などの借音字を排除した歌も、略体歌に親近するものとして捉えてよいであろう。その意味では、略体歌も包含する歌の表記の様式を検討すべきである。この点については、佐野宏「萬葉集における表記体と用字法について」（「国語国文」84―4、二〇一五年）を参照。

6　小島憲之『上代日本文学と中国文学　上』（第三篇第三章「古事記と中国文学」、塙書房、一九六七年）は、（5）の文を引用し、『古事記』には正格の漢文に近い文章が中巻・下巻に比較的多いことを指摘し、その原因について、「色々と推測できるが、その一つは、かうした文体のところは日本書紀の著しい潤色を除いた普通一般の部分にかなり近く、これは両者に共通（或は類似）した資料から得たものではなからうかと思はれる」と推測する。また、福田良輔『古代語文ノート』（「古事記の純漢文的構文の文章について」、南雲堂桜楓社、一九六四年）は、（5）（6）を含めて一三例の正格の漢文に近い例を掲げ、「構文中に和臭を帯びた句法や字法が、多少混入してゐる文章も少なくないが、大体純漢文体の文章と見る事ができよう」と指摘する。

7　『奈良女子大学21世紀COEプログラム報告集 Vol.12　難波宮出土の歌木簡について』（二〇〇七年）、犬飼隆『木簡から探る和歌の起源「難波津の歌」がうたわれ書かれた時代』（笠間書院、二〇〇八年）を参照。

8　「チハヤブル」は、勢いのある、乱暴な、荒々しい、の意味を有しており、「千磐破」は、「チハヤブル」の意味を、千の磐を破壊するという具体的な動作として捉えた表記である。また、「ヤスミシシ」は、「我が大君」「我ご大君」にかかる枕詞であり、「安見知之」の「安見知」は、安らかに見そなわし知らしめす、という解釈が反映された表記になっている。

9　変字法（かえじほう・へんじほう）とは、同一句・類似句の繰り返しの表現、または同音節の繰り返しの表現において、異なった字を用いる用字法である。同一句・類似句の繰り返しの表現に見える変字法の例として、「琴酒者《コトサケバ》　国丹放嘗《クニニサケナム》　別避《コトサケ》者《バ》　宅二離南《イヘニサケナム》」（巻十三・三三四六）の「琴《コト》」と「別《コト》」、「酒《サケ》」と「避《サケ》」、「放《サケ》」と「離《サケ》」、「嘗《ナム》」と「南《ナム》」が挙げられ、同音節の繰り返しの表現に見える変字法の例として「奈流留麻爾末仁《ナルルマニマニ》」（巻十四・三五七六）の「流《ル》」と「留《ル》」が挙げられる。変字法については、拙稿「『万葉集』における反復表現の表記―変字法とその周辺―」（『美夫君志』94、二〇一七年）を参照。

10　『古事記』に用いられる借音字については、注2前掲拙著（第二編第三章第一節「『古事記』の借音字」）をも併せて参照。

11　『古事記』の借訓字についてここでは詳説しないが、注2前掲拙著（第二編第三章第二節「『古事記』の借訓字」）を参照されたい。

12　『万葉集』に見える表意性を有する仮名については、注2前掲拙著（第二編第一章第二節「『万葉集』における表意性を有する仮名」）をも併せて参照。

13　列挙される神名・人名と関連する借訓字の例として、「次著㆓御刀本㆒血亦走㆓就湯津石村㆒所㆑成神名、甕速日神、次樋速日神」（上巻・迦具土神被殺の段）の「樋」が挙げられる。この「樋」は、樋速日《ひはやひ》神の前に掲げられている甕速日《みかはやひ》神の「甕」との連想に基づく用字である。また、記事の内容に関連する借訓字の例として、「少名毘古那神」（上巻・少名毘古那神の段）の「名」が挙げられる。この「名」は単なる借訓字として位置付けられる用字ではなく、少名毘古那《すくなびこな》神が名を答えない行為、ならびに諸神が少名毘古那神の名を知らなかったが久延毘古《くえびこ》が名を知っていたという出来事と関わる用字である。

14　注2前掲拙著（第二編第三章第五節「『古事記』の音読注」）および、拙稿「古事記の文体」（瀬間正之編『古代文学と隣接諸学10「記紀」の可能性』竹林舎、二〇一八年）を参照。

15　本文は、片桐洋一『古今和歌集全評釈』（底本は、嘉禄二年本）に拠ったが、漢字で表記された箇所を底本に合わせて平仮名に改めたところがある。また、部立・歌番号・作者の後に、懸詞になっている語を《 》で掲げた。

16　拙稿「懸詞と意味」（『国文学　解釈と教材の研究』47―11、二〇〇二年）、同「懸詞と伝達―『古今和歌集』を中心に」（『埼玉大学国語教育論叢』8、二〇〇五年）を参照。

17　本文は、鈴木知太郎校注『土左日記（岩波文庫）』（底本は、青谿書屋本）に拠ったが、漢字で表記された箇所を底本に合わせて平仮名に改めたところがある。

18　佐野宏注5前掲論文は、『万葉集』の短歌形式の歌四一八六首を、①「訓字のみからなるもの」（一五四首）、②「訓字と訓仮名からなるもの」（二一三首）、③「訓字と音仮名からなるもの」（一三二三首）、④「訓字・訓仮名・音仮名からなるもの」（一七五四首）、⑤「訓仮名と音仮名からなるもの」（二〇一首）、⑥「音仮名のみからなるもの」（五四一首）に分類し、各分類に属する歌の巻別の歌数を算出しており、参考になる。

19　この点については、奥村悦三『古代日本語をよむ』（和泉書院、二〇一七年）を参照。

20　橋本四郎二九頁前掲論文、池上禎造「正訓字の整理について」（『萬葉』34、一九六〇年）を参照。

本研究はＪＳＰＳ科研費ＪＰ１５Ｈ０５１５１の助成を受けたものです。

第一部の綜括

乾　善彦

「第一部　文字環境としての漢字文献」は、冒頭に内田賢徳が三部からなる全体としての基調報告をおこなった、そのうちの、第一部「文字環境としての漢字文献」のテーマのもとに、奥田俊博が「訓字と仮名の揺らぎ―『古事記』『万葉集』を中心に―」という題（本集の論文の題名は「漢字文献の仮名とその展開―訓字と仮名の揺らぎをめぐって―」）で問題提起した（以下、本稿では、当日の発表資料に基づいて、当日の議論を振り返るとともに、適宜、本論集におさめられた論文を、対応させる形で、綜括を進めることにする）。

内田の基調報告の第一部は、次の三点からなる。

1　言語記号としての万葉仮名
2　訓字と仮名（本論集では、万葉集における訓字と仮名の相関）
3　古事記仮名（本論集では、古事記歌謡の仮名）

まず、「1　言語記号としての万葉仮名」では、共通認識として、冒頭に次のように述べる。

万葉仮名は、訓字の成立と共に生まれる。単に漢字で日本語の音節を写すという日本語を表記する文字というあり方から、訓字と相補的に、日本語を書く文字へと転化を果たすのである。

文字の借用には二種類がある。一つは実体の借用、もう一つはシステムの借用である。音仮名は、実体の借用。（中略）一方、訓仮名は、システムの借用である。（論文では、若干、表現が異なるが、同内容の記述である。七〜九頁）

古代漢字専用時代の「文字環境」は、漢文を書きしるすための文字である「漢字」がすべてであった。ただし、すでに漢文においてそうであったように、「漢字」の三要素「形・音・義」のうちの「義」を捨象して、外国語の「かたち（音形）」を書きしるす表音用法は、日本語の「かたち」を書きしるすためにも用いられることがあった。これが「実体の借用」である。つけくわえるならば、「漢字」でもって日本語を「漢文」で書くこともできた。これも「実体の借用」である。しかし、これは「システムの借用」でもある。この時、漢文を「訓読」する方法を見いだし、「訓読」によって漢文を理解し、訓読によって日本語を漢文で書くとすれば、もはや実体ではなく、「システムの借用」ということになるであろう。これによって「漢字」を日本語の「かたち」の表記に利用するならば、いわゆる「訓仮名」ということになる。通常、借音仮名と借訓仮名をひとまとめにして「万葉仮名」という用語が使用される。要は漢字の表音用法をさすのである。

ところで、「万葉仮名」の用語自体に問題が指摘されている（山田健三「書記用語「万葉仮名」をめぐって」（『信州大学人文学部人文科学論集〈文化コミュニケーション学科編〉』第四十七号、二〇一三）。しかしながら、古代漢字専用時代にあって、内田が述べるように、漢字と日本語との関係で、いくつかの用法の違いを指摘しておくことで、厳密に「仮名」を定義しないかぎりにおいては、これで十分、「仮名」に対する議論の用語として機能しうると考える。ただし、内田も奥田も、『古事記』の「仮名」を問題とする点で、いくつか、前提を整理しておく必要がある。そこで「万葉仮名」を議論のための用語として、多義のうちの「漢字専用時代の漢字の表音用法で書かれた部分の文字」とのみ定義しておいて、「仮名」の資格、漢字との関係、のちの「かな」との関係をひとまず保留しておく（本研究集会の目的がそこにあるのだから、これを前提として規定しないのは、当然のことである）。ただし、最後にまとめとして、ふれるところがある。

用語の面では、奥田は、問題提起に際して、「訓字と仮名の揺らぎ」ということばを使用する。そして、「訓字と共に成立した万葉仮名」を設定し、「訓字と仮名は、その置かれた文字列のありように応じて、表そうとする日本語との間で、幅のある様相を見せる（二四頁）。」として、『万葉集』と『古事記』とにおいて、実例に即して「訓字と仮名の揺らぎ」の現象を詳述する。

この両者の前提となるのは、古代漢字専用時代において、すでに「漢字」は、〈漢語・漢文を書きあらわすための文字としてではなく〉日本語を表記するための文字としてあり、それは「訓字」と「仮名」とに分かたれ、さらに、用法として「訓字」と「仮名」とがあったということである。これについては、綜括のところで議論がなされた。奥田は、文字としての訓字と用法としての訓字を措定し、その上で、『万葉集』における仮名主体歌巻の訓字は訓字主体歌巻の訓字とくらべて仮名的であり、同様に『古事記』では仮名文字列中の訓字（「伊多久佐夜芸弖有那理」の「有」など）は漢文体の地の文の訓字とは異なり、仮名的であるとし、逆に万葉集訓字主体歌巻の仮名や『古事記』の訓仮名は表意的な用法を含むとする。そこに「訓字と仮名の揺らぎ」をみとめるのである。論文では解消されているが、当日の発表では、これらを「訓字の〈仮名化〉や訓字の〈訓字化〉」という用語で説明されたので、誤解を生じる余地があったが、文字としての「訓字」と用法としての「訓字」とを区別するところは、なお議論の余地があろう。なぜならば、われわれは漢字の用法としての訓字を常に問題としてきたからである。ここでも、用語の整理が必要であろう。

古代漢字専用時代にあって、「文字体系」としては、「漢字」が唯一無二の「文字」である。それが日本語を書きあらわすためにあったのか、漢文を書くための文字の借用（つまり「用法」の問題）なのかは、意見が分かれるところである。山田もそこを問題視する。奥田のように、訓字という文字と仮名という文字とがあって、それぞれにその名とは異なる用法があったという考え方が当然あってよいし、そうでなく「文字」としては一種類であり、すべての日本語表記も、その用法のひとつにしかすぎないとする考え方もあってよい。

ともかく、古代漢字専用時代の日本語表記から、日本語を書きしるすための「仮名」が成立する事実をどのように把握するかが、本研究集会の目的であることにおいて、どちらの立場をとるにしても、「文字環境としての漢字文献」という課題に対する問題提起として、『万葉集』と『古事記』とにおける漢字の表音用法をどのようにとらえるかが、基本的な課題としてあることが、再認識されたといってよかろう。

付け加えるならば、奥田の「訓字の揺らぎ」から仮名の様相をうかがうという、いかにも文学的な言説でもって、「訓字と仮名の揺らぎの相関」が問題とされたのも、内田の「古事記仮名」という新たな「ことば（用語）」とともに、いかにも本居宣長以来の伝統的な国語研究の問題提起であったと感じられた。

内田基調報告の「2　訓字と仮名（論文では、万葉集における訓字と仮名の相関）」では、『万葉集』における仮名と訓字との相対的な関係に言及する。これを受けて、奥田の問題提起は、第二節「訓字主体の文における仮名の用法」、第三節「仮名の〈訓字〉化と、訓字の〈訓字〉化」とで（論文では両者を合わせて「二　『古事記』『万葉集』における仮名の用法」）、万葉集訓字主体歌巻の仮名と『古事記』の仮名を取り上げ、両者に、誤読回避の仮名の用法と句のまとまりを示す仮名の用法とのあることを指摘し、それぞれの仮名の表語性に言及する。『万葉集』については、近時、そういった観点からの仮名の研究が、尾山慎、澤崎文、吉岡真由美らによって蓄積されてきた。「仮名」を「専一に音節表示する」と定義するならば、それ以外の機能を文字列中にみとめるわけで、それが漢字の字義にかかわるならばなおさら、完全に仮名とは呼べないことになる。まさに内田のいう「漢字表現」なのである。

また、『古事記』についても、内田が第三項目として、歌謡部分の仮名の選択について言及して、「古事記仮名」とも呼べるような、『万葉集』には継承されない字母選択意識をみとめるように、やはり、そこには木簡の歌表記にみられるような表記意識とは異なる選択意識があったことになる。地の文において訓字を使用するか、仮名を使用するかの選択もそのひとつとして考えうるし、神名表記における特殊性も専一に音節をあらわす以外の要素を考える必要がある。

だとすると、『古事記』、『万葉集』における「仮名」は、その字体が漢字であるかぎりにおいて、字義から逃れることはできず、いや積極的に利用しようとした側面があることで、それらは後代の文字としての仮名（ひらがな・カタカナ）との間に、不連続の面があるとみとめなければならないと一応は考えられよう。

近年その量を増す木簡の歌の仮名書について、犬飼隆『木簡による日本語書記史』『漢字を飼いならす』や乾善彦『日本語書記用文体の成立基盤』では、清濁や上代特殊仮名遣いにルーズな点、訓仮名をまじえる点で、後代の仮名と親近性（あるいは連続性）を指摘するが、そのことは、木簡の歌の仮名書が『万葉集』や『古事記』の仮名とは、性格が異なるという可能性にもつながる。そのあたりの理解や解釈については、今は保留するとして、日本語を書くための文字としての「仮名」への「転化」が、『万葉集』や『古事記』にみとめられるのか、議論が分かれるところである。『万葉集』の仮名については、仮名書諸巻の仮名を含めて、きわめて漢文的であり（つまり漢字の用法に過ぎないという解釈）、木簡の歌表記に用いられた仮名や正倉院仮名文書にみられる仮名こそが、日本語表記のために漢字から転化した、体系としての「仮名（万葉仮名）」であったと考えることもできよう（さらにいえば、それさえも漢字の一用法に過ぎないという考え方もありうる）。

第四節（論文では「三　歌の表現と仮名・平仮名」「四　仮名の揺らぎと平仮名―おわりに―」）にまとめとして奥田は、歌表記と散文表記との差異、歌を含む散文の成立、それぞれの資料による訓字と仮名との揺らぎの諸相から、「万葉仮名」「平仮名」に連続する側面と連続しない側面のあることを指摘する。連続しない側面は、とりもなおさず「万葉仮名」が漢字としての字体を保持する側面であると言い換えられよう。なお、日本語の散文表現については、奥村悦三の一連の研究があり、漢文訓読の影響が指摘されている。奥田が引用した『土佐日記』についても同断である。ただし、奥田が指摘するように、歌を含む散文表現の成立は、歌を書記する場との関係で、実用文書とは別の要素も加味しなければならないだろう（奥村の考え方は、多くの引用にもかかわらず、なおその本質が理解されているようには思えないが、そのあたりの解説も当日の奥村の発言にはあったことを付言しておく）。

奥田の問題提起は、内田の基調報告と大きく重なり、問題点は研究会内部でほぼ共有されているかのようにみえる。ただ、最初の議論に戻って、古代漢字専用時代にあって「漢字」と「仮名」とをどのようにとらえるか、タームの問題としての実態の解明が残る。つまり、漢字専用時代に「漢字」に対立する「仮名」が存したかどうかが、問題となる。先に木簡の歌表記に用いられた仮名について言及したように、そのあたりに山田は積極的に漢字に対立する「上代仮名」（したがって「万葉仮名」とはいえない）を想定するが、だとすると、研究集会での問題提起は、山田の指摘とは、相反することになる。また、この部分が、研究者によって微妙に差のあるところでもある。

記紀歌謡の表記の差異について、何度も引用してきたが、犬飼と毛利の次のような発言がある。

『日本書紀』は中国史書の伝統的な文体にならって本文を漢文体で書き、訓注と歌謡を仮借で書く。『古事記』は日本語の文であることをめざして本文を独特の変体漢文で書き、訓注と歌謡を万葉仮名で書く。

（犬飼隆『木簡による日本語書記史』二〇〇五、笠間書院、一三六頁）

歌謡の書式の意味ですが、両書のうち、日本書紀のほうでは所謂漢語という中国語の中における倭歌であり、あるいは訓注語もそうですが、外国語である日本語を記すということにおいて倭歌が仮名書きになっているといえます。それに対して古事記のほうは全体が倭文体であって、つまりそもそも本文も歌謡も倭文であり、その倭文体の中での歌謡の仮名書きの意味が問われるべきであって、それは本文の仮名書きと共に、歌謡の仮名書きは倭文の中でも特に語形の明示というところにあると考えます。

（毛利正守「座談会　萬葉学の現状と課題―『セミナー　万葉の歌人と作品』完結を記念して―」『萬葉語文研究』第2集　二〇〇六、二二頁）

『古事記』と『日本書紀』とでは、歌謡の表記に用いられた漢字の用法・性格が異なるというのであるが、はたしてそうなのか。内田も奥田も、日本書紀歌謡についてはふれない。『日本書紀』は全体が漢文であり、漢文中の表音用法はあくまでも漢文表記の中での問題であり、日本語表記の問題ではないというのが、犬飼・毛利の発言であり、これにそった理解がなされていると思われる。つまり、『日本書紀』は全体が漢文というシステムの借用であり、日本語の表記システムに組み込まれたものではないという理解かと思われる。したがって、日本語の表記システムにしたがって書かれた、古事記歌謡の仮名（古事記仮名）と『万葉集』の仮名とでは、異なるシステムであり、さらに、『古事記』にあっては、歌謡部分と散文部分との間に「ゆらぎ」をとらえる。

以上を総合するならば、漢字の表音用法には、多様な層があることになる。『日本書紀』に代表される漢文中の表音用法は、漢文の方法にのっとったもので、漢文という「漢字の正用」に包摂される。借音仮名を専一に用いる『古事記』の表音用法は、訓字と対立して、漢文の方法に隣接する。しかして、歌謡の場合は、『日本書紀』の方法に限りなく近似し、散文中の場合は、訓字と対立する形（ゆらぎ）である種の表現性（漢字表現としての）をもち、専一に日本語の音節を表示するための仮名以上の機能を備えている。万葉集訓字主体歌巻における仮名は、借訓仮名を含めて漢字表現の一部としてあり、仮名書歌巻の仮名は、訓字の表音性を含め、日本語の音節表示に傾くが、そこにも音節表示以外の表現性がみとめられる。二人の報告にはあえてふれられなかった木簡の歌表記の仮名や正倉院仮名文書の仮名は、それらとは異なる位相（この用語にも問題を含むが）に属するものとして、それらとは隔絶したところで、ひとつの「文字環境」を形成している。というふうにまとめられようか。

ただし、以上の議論にかかわらず、「万葉仮名」が漢字の用法なのか、文字体系として「仮名」と呼びうるものがあったのかという問題は残る。内田の先の記述では、「仮名」の名を有する「万葉仮名」が存したことが前提としてあり、奥田の議論もそれにのっとっていることになるが、これを漢字の用法とみるかぎりにおいては、日本語を表記するための「文字体系」には言及されていないと考えておく。むしろ、「かな」への過程を考えるときには、「文字体系」としての「仮名」は保留されているように思われる。

仮名は、漢字の三要素の「形」からの離脱をもって日本語を表記するための「文字としての仮名」として成立するというのが、稿者の従来からの主張であるが、今回の結論のように、漢字の表音用法としての仮名に多様性がみとめられるならば、それらはほぼ「漢字表現」の一部であり、それを「万葉仮名」のありようととらえることもできようが、まさに漢字の一用法にすぎないということもできるというのが実感である。

第二部　平仮名の登場

平仮名成立の諸要件

中山陽介

近年、平仮名の成立史は見直しを迫られている。とりわけ従来の説に対して多くの異見が提起されているのが、万葉仮名から平仮名が成立するまでの変化の実態である。従来「秋萩帖」等のいわゆる「草仮名」の字の形態から彷彿として想像されていた万葉仮名から平仮名への変化の中途の様相と、近年発見の新資料に見える実際の当時の仮名の形態との間に隔絶があり、いわゆる「草仮名」を間に据えて変遷を捉える見方では平仮名の成立を正確に論じることができないことが、実証的に認められるようになった。(注1) しかしながら、そうした中間段階の仮名がどのような位置づけで、万葉仮名が変じて平仮名が生まれるまでに、どう変化し、どのような段階を経たのかといった変遷の実態についての検証は、未だ十分になされていない。数十年前には見ることのできなかった第一次資料が見られるようになった今、立ち戻って平仮名の成立の過程を見直す必要がある。そこで本論では、それらの資料に基づいて、平仮名が成立するためにはその過程にどのような文字の性質の変化が達成せられねばならないかの諸要件を考え、その変遷を段階的に捉えて、平仮名成立の背後にある原理を考察する。

一　平仮名の特徴

平仮名の成立を論ずる上では、まず何を以て平仮名の成立とするかを、常識的な観点から措定しておかなければならない。それには、典型的な平仮名が持つ性質や特徴を、漢字や万葉仮名との比較から把握する必要がある。なお本論では「平仮名」という用語を、漢字の部分を取る省画の方法によって出来た片仮名に対して、漢字を書き崩す略筆の方法によって出来た仮名の総称として、変体仮名をも含んだ意味に用いる。

平仮名の典型となるものは、平安時代中後期、およそ十一、二世紀頃の消息や歌集等の女手の筆跡が主となる。(注2) それ以前のものは発達が十分でなく資料も少ないので位置づけが明確でなく、それ以後は様式的な変遷に留まって文字の基本構造には大きな変化がない。

平仮名は、漢字に由来して漢字でなくなった文字であるから、根本の構造は漢字と共通しながら、かつ漢字とは異なる特質を新たに獲得しているはずである。平仮名は、真仮名が簡略になって出来たが（「真仮名」という用語を今、一音を一字で表す方式の万葉仮名の意味に使う）(注3)、真仮名は、国語音を写すのに漢字の義を捨てて音と形とを借りた表記法であり、文字の種類としてはまだ漢字であるものの、国語音を表すという言語記号としての働きからみれば、真仮名も平仮名も同等の機能である。よって、平仮名が真仮名と異なる特質は、機能よりも形態の上に見いだされるべきである。山田孝雄は「万葉仮名から仮名への移りかはりは主として数の問題と形の問題との二に止まる」と、平仮名・片仮名が真仮名に対して持つ本質的な差異が、用いる字の種類数の減少と形態の変化の二に止まるとした（文献1、一八六頁）。按ずるに、二つのうち、平仮名にとって核心になるのは形態の変化の方である。なんとなれば、真仮名の用字数が減少しても形態の変化がなければ、平仮名ではなく真仮名だからである。

そうして今、平仮名の形態の特性を観察すると、次の三つが、漢字と異なる平仮名独自の特徴として指摘できるであろう。

・形の簡略化……個々の字の形が、漢字の楷書・行書の形または草書の形をより簡略にしたものになっている。

・筆画の円転化……字の骨格となる筆画が円運動によって成り立ち、一般に字が丸みを帯びている。

・連綿の定式化……字と字との続け書きが、特殊な技法ではなく平仮名一般の書き方として定式化する。

これらは、十一世紀までには既に平仮名の一般化した書法として確立しており、以降約九百年間にわたって共通した平仮名の基本性質である。[注4] 延喜（九〇一〜九二三、西暦、以下これに倣う）から承平（九三一〜九三八）頃までの仮名資料として、紀貫之自筆本の『土佐日記』を藤原定家が臨摸した部分（略記して〔土佐〕とする。以下これに倣う。図1）や東南院文書に収められた因幡国司解案の紙背消息（〔因幡〕）では大体これらを備えているから、延喜年の『古今和歌集』の成立を画期として、その頃か、その余り降らない頃に確立したものであろう。

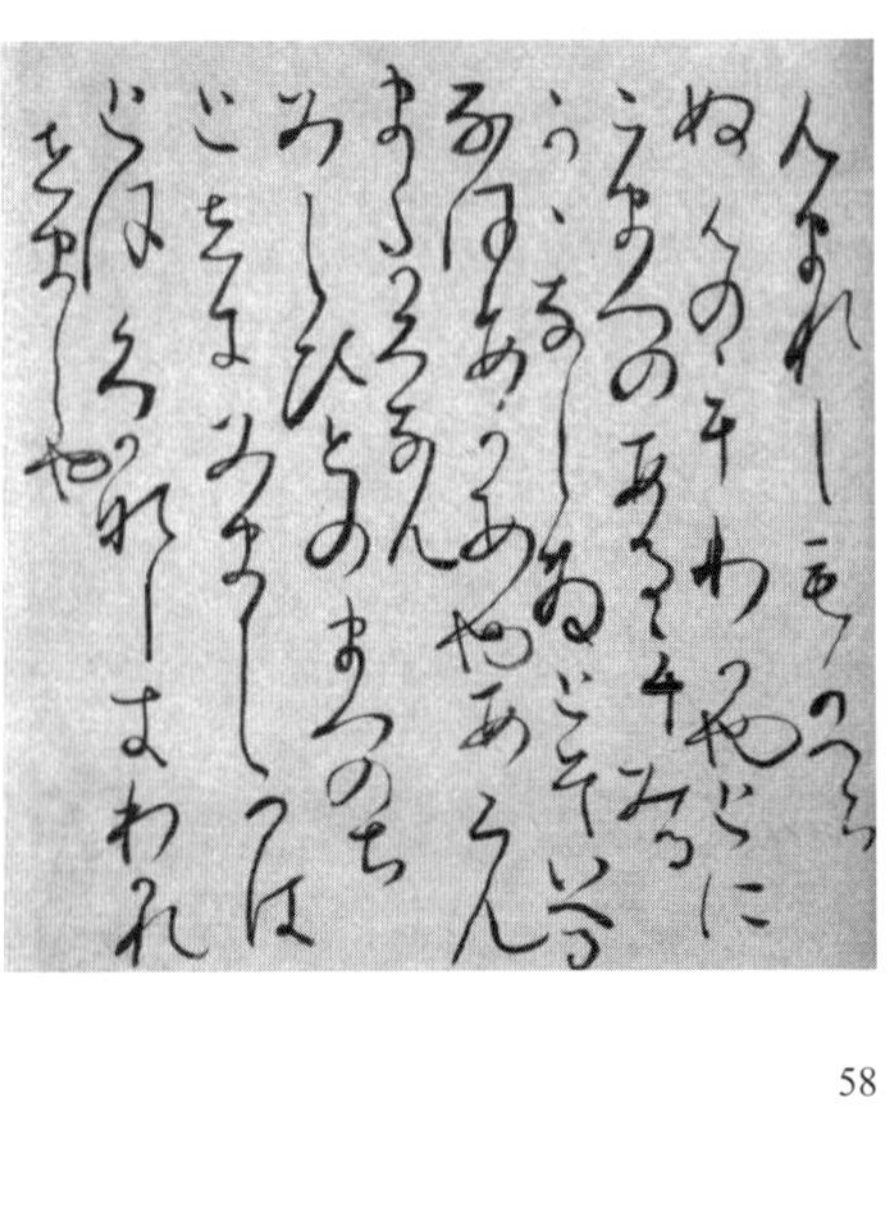

図1〔土佐〕

これら三要素の成長を資料の上に観察することで、平仮名の形態の成立過程が具体的に見えてくるはずである。のちにその発達を論じるが、その為にまず前提となる真仮名の成立から説き起こさなければならない。

二　仮名表記（真仮名）の成立

「仮名」という言葉には狭い意味と広い意味とがある。狭くは平仮名・片仮名という時の、漢字に対する固有の表音文字を指す。広くは万葉仮名・真仮名など、漢字の転用を含めた国語の表記法一般をいう。今仮に前者を「仮名文字」、後者を（漢字による）「仮名書き」又は「仮名表記」と呼んで区別することにしておく。山田孝雄は、仮名の定義を論ずる上で、「万葉仮名」（ここでいう真仮名）を「漢字をその音訓にかゝはらず、一字一音の音字として用ゐ、しかもわが民族の慣用によつて、国語を写すに用ゐられたもの」と定義した（文献1、一〇六頁～）。その上で、「漢字が仮名になつたのは意義文字がその性質を更へて表音文字になつたので、文字の性質の上に、根本的の変革が行はれた」ものとし、「性質の異なつた国語を有する二の民族が相接触するやうな場合に、甲の民族が乙の民族の文字をかりて自国の言語を書きあらはさうとする時に、その言語の性質が違ひ、随つて、その文字の固有の意義用法だけでは到底あらはし得ないことがある。そのやうな場合に、その文字の用法の上に特別の方法を案出し、若くは形をかへ、若くは性質をかへて、それらの要求に応じるやうになる。」としている（文献1、一一六～一一七頁）。その性質の変化とは要するに、国語の特徴に合わせて、漢字の元々の用法を取捨し、変質させることである。そのような日本的工夫によって、借字の域を脱した仮名表記としての真仮名が成立し、やがてこれが形態の上で脱皮することで固有の文字としての仮名文字が成立した。仮名の成立は、表記法としての仮名表記（真仮名）の成立と、文字としての仮名文字（平仮名・片仮名）の成立という段階をなしている。故に、平仮名の成立を論じるためには、まず真仮名の成立を明らかにする必要がある。

そもそも、日本語の音を漢字によって表記することは、海彼にも早く例がある。魏志倭人伝の「卑弥呼」「邪馬台」などの表記がそうである。しかしこれらは、外国人が日本語という外国語の音を漢字で写し取ったに過ぎず、その点、漢訳仏典の音訳語たとえば「阿弥陀《あみだ》」「菩提薩埵《ぼだいさった》」や、梵語の呪文である陀羅尼などの音写と変わりなく、これは日本人の慣用による日本語を書き記すための文字という条件に適わない（文献1、一〇七〜一〇八頁）。日本国内での国語の音表記の例は、古くは、五世紀か六世紀に成ったとされる隅田八幡神社蔵の人物画像鏡や稲荷山古墳出土の鉄剣の銘文に遺り、降っては推古朝の金石文に日本の人名や地名の実例が多く見出だされる。これらの文の撰者が日本人か外国人かは議論があるが、もし日本人の書いたものだったとしても、純粋な仮名、真仮名だとは認めがたい。川端善明は「かかる銘文なり碑文なりを、では、日本人が書くことはなかったのか？　と問うことに、直截な答は戻らない。何故ならその文字習得は、この頃、渡来人の文字法に埋没してしまうこと、その文字法を忠実に我ものにすることだったからである。たとえ参与したとしても、参与したことの表記上の特徴など存しようがないのである。」と述べるが（文献2、一三五頁）、この説の裏を返せば、「表記上の特徴」を見つけることで、日本人が参与して成った仮名の工夫の具体例が指摘できるであろう。そこで、飛鳥時代以後の国語表記に見える表記上の仮名らしい特徴を、従来の指摘から取り上げると、次のようなことが挙げられる。

・字音の韻尾を略し、国語の一音になす。（安アン→ア、天テン→テ、末マツ→マ、楽ラク→ラ等）

犬飼隆（文献3、第一部第二章）。

乾善彦「一字一音ということは、韻尾を捨て去ること、つまり、ひとつの開音節化（日本語音化）にほかならない。」（文献4、第二章第三節）

・清濁の異なる字音の字を、国語の清音にも濁音にも通用させて使う。

（正倉院の万葉仮名文書〔正倉院〕「之可流可由恵尓」（しかるがゆゑに）のガを表記した「可」）

犬飼隆「上代日本語において、濁音節は語頭にたたなかった。それゆえ、清濁の別は、弁別音素としては力が弱く、連濁という現象の存在も手伝って、一方が他方を想起させる近しいものとして意識されていた。……とすれば、清濁の別を表示しなくても語の同認に支障をきたさない場合があり得ることになり、表記する際には濁音専用の字体を用いなくてもすまされる場合が出てくる。」（文献3、第一部第一章）

・古韓音・呉音・漢音及び和訓といった異なる体系の読みを分別なく一時に混淆して使用する。
（止《と》・乃《の》：古韓音、之《し》・里《り》：呉音・漢音、津《つ》・女《め》：和訓）

川端善明「中国語音に対する当代的な認識とかかわりなく、言わば中国語音との関係を断ったところで、日本語音節との、そしてそれだけとの固定的な対応を文字が保守しているのである。」「音仮名、訓仮名の仮名としての均質化」（文献2、一六六〜一六七頁）

これらは、漢語の性質に由来する漢字本来の用法を逸脱し、国語に合うように使い崩された独特の表音用法である。以上の特徴を三つとも満たす資料は、古くは大宝二年（七〇二）の御野国戸籍帳の人名表記があり、また天平宝字六年（七六二）頃の〔正倉院〕の和文がある。これらは、日本人の間でやりとりされた文書で、国語として伝わりさえすればよいので、漢字の元来の用法にこだわりがない（犬飼隆、文献3、第一部第一章）。ここに至って明確に文字の性質の変革が見出だされ、仮名の資格として相当の水準を満たしていると認められる。単なる音写ではなく、国語のための表記法としての真仮名である。

なお、真仮名が仮名文字に昇華するためには、さらに、

・使用する文字の種類が一定する。

という要件を満たさなくてはならないであろう。『万葉集』に見えるような、当て字の類も含んだいわゆる万葉仮名による国語の表記法では、自由に音訓を借りて字を当てているので、漢字の読み書きの知識があって初めて読み解かれるために、国語の表記法として閉じた体系を成していない。そこから少数の決まった字、決まった読みの枠組みに用字が制約されてくると、漢字の知識の枠組みを離れて、読みの根拠が仮名自身の慣習に支えられるようになる。すると、漢字の読み書きができなくても、仮名の形と国語音の読みとの対応さえ知っていれば、和文が読み書きできるようになる。そうなれば、その文字は仮名として働けばよいので、もはや漢字としての決まりを守り続ける必要がなくなって、漢字を規範とする意識が薄れ、やがて漢字の正しい字形を逸脱することとさえ許容する段階に入ってくる。

そうして漢字とは異なる自身の枠組みを持った表音文字として、仮名文字が成立する。仮名文字の成立は、このような過程を想定することでよく理解されるであろう。

〔正倉院〕の甲種文書・乙種文書の用字は字種の複用が少なく文書ごとにおおむね安定しているが、両者を比べると用字の

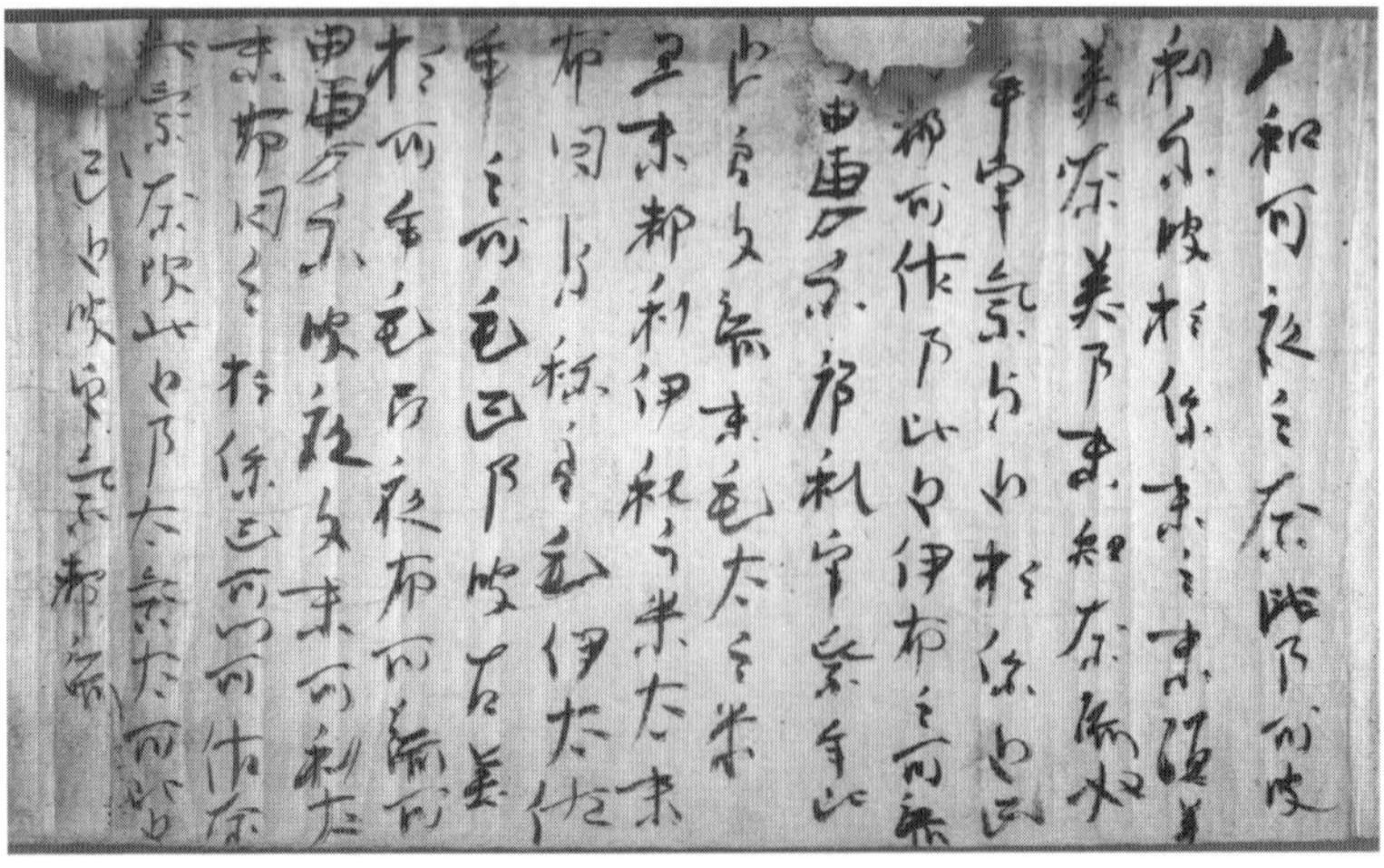

図2〔正倉院〕乙種

癖に相異がある。この頃の木簡の平易な真仮名表記を見ても、資料によって用字の傾向に揺れがあり、まだ社会全体で一般化した一定の枠組みは獲得していない。〔正倉院〕の乙種（「わがやしなひ……」図2）の筆跡を見ると、「ただしい字形をしらぬ経験のあさい人物が、他人の字を自己流でまねてかいたという印象がつよい」（佐佐木隆、文献5、Ⅲ部一章）と評されるような字で、結体も筆順も、当時の通例から見ても不正の多いものであるが、それでいて、これで立派に百四十余字にもなる比較的長文の和文を綴り得ているのに注目される。この遺例は当時の仮名の様相を証して、漢字の読み書きを正確に習得していなくても、この程度の和文ならば仮名で書けたことを示しており、仮名が漢字を離れて独自の体系を成していく兆しを見せている。

三　仮名文字（半平仮名）の成立

〔正倉院〕は、形態に体系立った変化を起こしているとは見なしがたいので、まだ真仮名と見なすのが妥当であろう。真仮名の形が崩れ始めてから平仮名が完成するまでには長かれ短かれ、相当の歳月がかかっている。その途上にある形態は、もはや純粋な真仮名ではないが、かつ、いまだ純粋な平仮名でもない、中間形態の段階である。いわば手足の生えたおたまじゃくし、しっぽの残る蛙のようなどっちつかずで、真仮名とも平仮名とも名づけがたい。貞観から承平頃まで（八五九〜九三八）に見える仮名資料の形態がこれにあたる。これを的確に指し表わす呼び名は無いが、今、仮に「半平仮名」体と呼んでおく。(注5)従来の用語では、真仮名と平仮名との歴史的な中間段階のものを「草仮名」と呼ぶことがあるが、「草仮名」とは、もともと仮名の発達上の段階には関わりのうすい概念で、女手（平仮名）の表現の簡素であるのに対照して、行書や草書の形を用いて装飾的な表現を指向した書体のことであって、それは平仮名完成後の時代に用いられたものである。見た目が平仮名より繁雑ということを以て、半平仮名と同一視もしくは、同系統と視られることがあるが、具さに観察すると実際には異なる性質・形態を持ち、仮名成立史の上には異なる価値を有する。よってここでは、「草仮名」という用語を古来の用法に従って書体としての意味にのみ用い、半平仮名とは区別する。（注6）

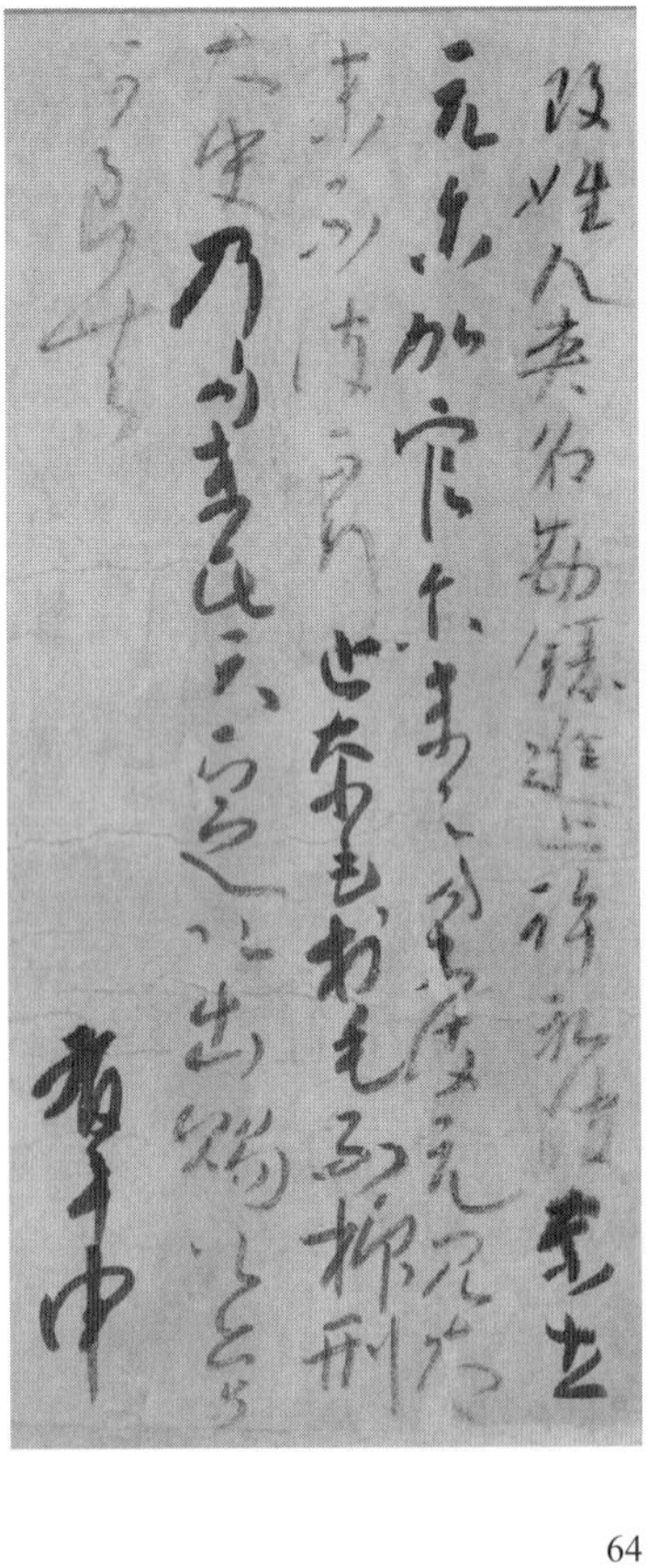

図3〔有年〕

さて、真仮名から平仮名への変遷を解明するには、奈良時代から平安時代までの経年による自然な連続的変化だけでなく、両者の間を隔てる不連続な要素を検討する必要がある。今、真仮名から平仮名が生まれるまでの間にどのような変化要素が存在するかを、半平仮名の形態の観察によって取り出し、その原理を跡付ける。

半平仮名の古い例で年代のわかるものには、貞観九年（八六七）頃に成立した有年申文（〔有年〕図3）が挙げられる。今、〔有年〕の半平仮名としての性質を観察すると、次の四つのことがわかる。

第一に、仮名書き（真仮名表記）と真名書き（漢文体表記）との部分で書きぶりが異なる。〔有年〕には、国語の音を表した仮名書きの部分と、「改姓人夾名勘録進上」「官」「抑」「刑大史」「定以出賜」「有年申」という、意義を表した真名書きの部分とがある。真名書き部分が楷行で書かれているのに対して、仮名書き部分は行草で書かれている。使用された仮名字母二十六種の内「以《い》・於《お》・加《か》・可《か》・世《せ》・多《た》・不《ふ》・見《み》・無《む》・毛《も》・良《ら》」の十一種は草書独自の形に由来するが、真名書き部分は、「以」字を除いては二十字皆、楷行であり、草書の形は無い（「以」は草書に一致するが古くから楷行の書にも一種の略字として使用される）。ここから、仮名文字と漢字とを截然と異なるものと見なしていた意識が読み取れる。

第二に、用字法が奈良時代のものを離れて、〔土佐〕等十世紀の平仮名の体系へ接近しているのが見える。奈良時代の真仮名では「阿」「伊」が常用されていたのが、平安時代の半平仮名になると、「安」「以」が常用され、やがてこれが平仮名になる。さらに、右に示した通り、字種の推移だけでなく字体についても、奈良時代に稀な草書の形が採用されている。平仮名の「お」「か（可）」「ふ」などの字は草書が由来であって、楷書との筆順の違いから明らかな通り、奈良時代の楷行の真仮名からは変化の過程が説明できない。これらは半平仮名の初期に草書が取り入れられている事実によってはじめて説明される。

第三に、形に平仮名へ連続するような変化がみえる。〔有年〕中、真名として書かれた「以」（図3、四行目の下から六字目）と仮名として書かれた「以《い》」（同行下から三字目）との左辺を比べると、真名は草書の元の二点を保持しているのに対し仮名は一点に簡略化している。ほかに、草書由来の「多《た》」（二行目下から六字目）や行書由来の「利《り》」（三行目五字目）が平仮名の「た（多）」「り」と同じ概形を成してきていることや、「奈《な》」の崩れ方の二種類（一行目下から二字目と三行目七字目）がそれぞれ平仮名の二種類の「な」の字体に対応している所などで、ただ形が崩れているというだけでなく、平仮名への連続性が垣間見られるところが重要である。

第四には、仮名に連綿の見える所である。〔有年〕中には、最大で三字までの連綿が一行に一箇所か二箇所あり、五行全てに見える。規模や風格は、王羲之や空海の連綿にも近いが、奈良時代の真仮名が楷行で連綿せず、かつ

〔有年〕でも楷行の真名書きには連綿を含めないのを見ると、この仮名が草書の技術を承けながら、字の形の個々の変化だけでなく一書全体の書法としても平仮名独自の特性を獲得しようとしていることを示す。

以上を要すれば、第一点の真名書き・仮名書きの表記による書き振りの差は、仮名文字が漢字から体系として乖離したことを証し、第二点の用字の推移は、字種や形の選択が行われて真仮名から平仮名へ体系の転換があったことを証し、そうして第三点に簡略化は、その後、形の変化が或る方向を指向して進んでいくことを証し、第四に連綿の出現は、平仮名が単なる簡略な字形の集合体でなく、文字として独自の書法や表現性をも形成していくことを証する。

これらを手掛かりに、真仮名から平仮名への変化の要件を探るに、第一点については、体系の分化として既に論じたから、次にまず山田氏のいわゆる「数の問題」にあたる第二点を用字の変化の問題として論じ、然る後「形の問題」にあたる第三点・第四点から平仮名の形態の成立過程について考える。

もしも、平仮名が、真仮名を書いているうちに自然と形が崩れて出来たものとすると、その元となる字は、形がすり減ってしまう程に真仮名時代から常用されていた字のはずである。然るに、奈良時代の真仮名の常用字と平仮名の常用字とは往々一致しないものがある。奈良時代に常用された「阿《あ》・伊《い》・許《こ》・都《つ》・等《と》・流《る》」といった字種は、平仮名になると常用にならなかった。十世紀の平仮名に常用された「以《い》・計《け》・散《さ》・数《す》・仁《に》」などは奈良時代以前の真仮名には稀少である。奈良時代以前の真仮名は、一般的に用いられる標準的な字種は或る程度定まっていたものの、個人の癖による資料間の用字の揺れが認められて、必ずしも社会的に統一された基準を持つには至っていなかった。飽くまで漢字を借用しているという意識から選択の自由さが残っていたのであろう。平安時代貞観以来の半平仮名・平仮名の資料では、使用される仮名に異体の使用が少なく、どの資料も概ね似通った用字で〔土佐〕の例から外れるものが少なく、社会的な標準化が進んでいる。真仮名を脱して平仮名の成立に向かうにつれて用字が整理されてきたものと想定される。

また、平仮名には草書由来の形が含まれている。奈良時代の真仮名は殆どが楷書や行書で書かれ、漢字においても草書の読み書きは一般的でなかった。草書が本格的に実用されるようになったのは平安時代初期からと見られるから、その時の草書の受容が仮名に影響したことを想定しなければならない。「於《お》・可《か》・知《ち》・不《ふ》」などは字種としては古くから使われているが、平仮名の「お・か（可）・ち・ふ」の形は草書由来であって、楷書や行書で書かれた真仮名の実例とは筆順や崩し方が連続しない。そもそも「草書」とは、もと秦の正式書体であった篆書の補助書体としての隷書（「秦隷」）から発生して漢代に起こり（この段階の草書を俗に「草隷」という。いわゆる「章草」はこの様式化したものといえる）、その後、同じく秦隷から発生した漢の隷書（「漢隷」「八分隷」）やその後に生まれた行書や楷書と並行して成長し、晋代頃に出来上がったものであって（古い「草隷」や「章草」と区別してこれを「今草」という）、その兄弟にあたる行書・楷書とは異なる独自の法則を持っている。故にたとえば平仮名の「ふ」は草書の「不」字に由来し、筆順も平仮名と草書とは同一であるが、楷書や行書の「不」字の筆順とは異なる。この筆順の相異は、草書と隷書とが分かれた段階に由来するから、楷書や行書をいくら書き崩しても、草書の形にはならない。かように、草書を読み書きするには、楷書や行書とは別に草書の書法の体系的な学習を要する。平仮名の中には草書由来の形が多く存在するが、それは古来の楷行の真仮名からは説明し得ず、平安時代の草書受容の動きに待つものである。

また従来、平仮名の形は一般に草書に由来すると説明されることが多かったが、実際には、草書由来の形も楷行由来の形も混在している。吉澤義則は、平仮名が草書に由来するとの前提に立って「と」「ほ」等の筆順が、中国流の正統な草書に見出だされないものであるから日本独自の草体に由来するものかと考察したが（文献7、七五～七六頁）、これに対し東野治之は、上代木簡の書法の検討から、平仮名「と」「ぬ」などの字形が、七世紀以前に朝鮮半島から摂取した古い書法に由来するとした（文献8、第三部・「漢字の伝来と受容」）。我が国の書写技能は、史籍の伝える如く、初め朝鮮半島から学んで、その楷行の書を習得してひろく用いられたのであった。一方で草書の起こりは、遅れて奈良時代中期、『東大寺献物帳』に「榻晋右将軍王羲之草書」十巻の記載があり、正倉院にも草書を学習した文書や筆跡が伝わっているなど、この頃に唐から直接輸入されて始まったようである。唐風書法の流行に伴って、平安時代初期には空海・嵯峨天皇と、草書を善くする人々が出てきて、段々と既存の書法の中に草書が吸収されていった。このように平仮名の字源は、七世紀以前の古い書法に遡るものから平安時代初期に興った草書まで、層になって重なって成り立っていることがわかる。〔有年〕を見れば、「止《と》・乃《の》」など古く上代の楷書行書に由来する形も、「於《お》・世《せ》・多《た》・不《ふ》・無《む》」など新しく平安に取り入れられた草書由来の形も、書体の別なくそれぞれが仮名文字としての一字体に成り了っているのが認められる。

仮名に草書が使われた早い例は、平安初期の訓点資料に使われた仮名にある。たとえば、「聖語蔵御本成実論」天長五年点（八二八）、「石山寺本大智度論」天安二年点（八五八）、「神護寺本沙門勝道歴山水瑩玄珠碑」平安初期点、「西大寺本金光明最勝王経」平安初期点などの仮名には、片仮名へと連なる省画の仮名と共に、草書や草書よりやや簡略になった草体の仮名が使われている。現存資料の年代は訓点の仮名の方が、〔有年〕など平仮名系の資料に先立つが、訓点の仮名が平仮名に影響したのではなく、訓点の方が平仮名的な体系の影響を受けているか、もしくは共通の基盤があったと見るのが妥当であろう。なんとなれば、訓点に草体として使われている字は殆んどが平仮名にある草体の範囲に収まり、また訓点の仮名の主体となっている省画の字は平仮名に流入していないからである。すると半平仮名の初期は、天長から天安頃には草書の摂取がなされていたかと考えられる。実際、九世紀前半のものとされる多賀城跡出土の漆紙文書の仮名文には、「可《か》・須《す》・多《た》」や、あるいは存疑であるが「曽《そ》・武《む》」とおぼしき草体が用いられている。

要するに、平仮名が成立するに当たっては、昔からの真仮名がそのまま崩されるのでなく、草書のように書きやすい形を新たに取り入れて、草体化を指向する形で体系が再編されているのである。これが、これまで慣習的に漢字の形を借りているに過ぎなかった真仮名から、独自の文字として新しい秩序をなした平仮名への飛躍的な発達を遂げる布石となったものといえる。

四　平仮名の成立

かように、意識上の漢字からの独立があり、用字の枠組みの変容が起こって、段々と平仮名に近づいてきた。こうして、あと残された要件は、形態の変化である。既に字種や形の変化を取り入れた〔有年〕は、形態にも変化を兆しているが、次には、これがどのような過程を経て平仮名になるかを考察する。

草書は元々漢字であるから、仮名が草体化していても、それを理由に、直ちに平仮名になっていると見なすことはできない。特に「お於・ふ不」のように草書と平仮名との形が酷似するものは、点画の上ではその差別がつけがたい。平仮名が成立するとは、一箇の文字体系として独自の特徴がその中の文字一般に備わることであるから、その特徴の発達の程度を論じる上では、どの字が平仮名に一致してきているか、その割合がいくらか、と一つ一つの字の形を個別に論じるのでなく、それらの文字全体が一般にどのような変化を被っているかを体系的に把握する方が方法としてふさわしい。

そこでいよいよ次に、初めに指摘した平仮名の三つの一般的特徴、（一）形（二）筆画（三）連綿の変化をそれぞれ、半平仮名から平仮名へ降りつつ資料の上に見ていくこととする。以下、まずこれら三者の要素の変化過程を個別に検証した後、それらを総合して平仮名発達の背後にある原理を考察する。ただし、資料の制約上、正確に時代順に見ていくことは難しい為、ここには大概の把握を提示するに過ぎない。

一　形

以前筆者は、西三条第跡出土の仮名墨書土器（西三条）の仮名成立史上の位置づけを考察する中で、完成された女手（平仮名）の形と、その由来の行草の形との差異を比較する事で、その間に見える法則めいた簡略化の手法を六つにまとめ、均《なら》し・縮《ちぢ》め・繋《つな》ぎ・接《つ》ぎ・省《はぶ》き・約《つづ》め、とした(注7)（文献９）。その内容は次のごとくである（図中、該当箇所を点で示す）。

①均し「乃　之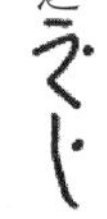　部　知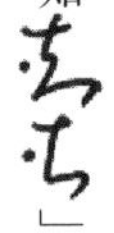」のように、画の転折を均してなだめる。

②縮め「可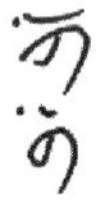　久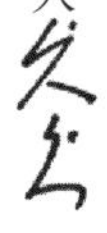　尓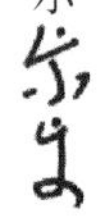　知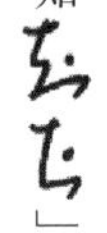」のように、長い画を短い画に、画を点に縮める。

③繋ぎ「幾　ツ　乃　留」のように、離れた点画を、繋いで一画にする。

④接ぎ「久　奴　比　天」のように、切れた点画を引き寄せて接ぐ。

⑤省き「安　計　波　呂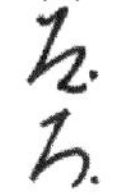」のように、遠回りになる点画を省く。

⑥約め「那　末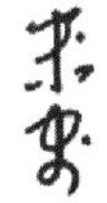　利　留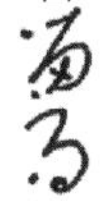」のように繁雑な箇所を点や筆の軌道上に約める。

前稿では、このうち、平仮名の形の変遷を考える上で重要なものとして、繋ぎと均しとを挙げた。この二者はどの字にもよく見られ、しかも、繋ぎは連綿の発達に、均しは筆画の円転化に深く関わっていて重要である。そもそもなぜ平仮名が簡略化したかを考えると、それは国語と漢字・漢語との性質の相異にある。漢字は、表語文字と言われるように基本的に一字が漢語の一語を表すが、漢語の一語は一音・一義に相当するので、一字一音一義である。一方仮名は一音だけを表すが、国語は一語が多音で成り、かつ、漢語にはない用言の活用やテニヲハの連接があるから、多字で初めて一義を表す。極端な例では「如是我聞《によぜがもん》」という四字（即ち四音四義）の漢語が、国語に訳すると「かくのごときことをわれききたまへき」と十七文字にもなることがある。（注8）これを真仮名で書いたら字数も画数も煩雑である。このような極端な例でなくとも、たった一語を書くのにも何字も何画も書かなければならないのは割に合わない。『古事記』の序に「全《ク》以《テ》レ音《ヲ》連者《ネタルハ》、事《ノ》趣更《ニ》長《シ》」と言うゆえんである。そこで平仮名は、字形が簡略になることで、大幅に倹約されて、長い文を書くにも堪えるようになったのであろう。

〔西三条〕「墨書土器14」の六則の発達具合を見ると、中でも、点画どうしの繋ぎが最も多く発達し、転折の均しが最も発達していない。今、次ページの図4にその例を示す。中段に「墨書土器14」を、上段には空海・最澄の漢字を、下段には十一世紀の平仮名をのせる。〔西三条〕以外に元慶元年（八七七）の東寺檜扇（〔東寺〕）や推定十世紀前半か中頃成立の平安宮左兵衛府跡出土の墨書土器（〔左兵衛府〕）も概ね同様の段階の形態である。この段階の時期は、資料の上では大よそ貞観（八五九～八七七）から元慶（八七七～八八五）の頃に当てられる。

二点や三点を一画にしたり、離れた画どうしを引き合わせたりして点画をまとめると、筆の浮き沈みや突き放ちの動作が無くなり、それだけ運動を節約できるのである。しかしこの段階ではまだ、簡略化が完全でなく、文字全体が平仮名らしい丸みを持った形になっていない。

そこで次に、転折の均しが発達する。画の折れ目がなだめられることで、筆の止まる・進むの連続で作っていた複雑な画が、単純な一息の運動で済まされて、画数が大幅に減る。たとえば、「乃」の右肩がならされて一筆の渦になったり、「之」に至っては後世ついには真っ直ぐな一本線になる。この段階の時期は、資料の上では承平の頃に当てられる。承平五年（九三五）以降成立の〔土佐〕や、承平八年（九三八）の「奝然生誕書付」〔奝然〕や承平頃成立説のある〔因幡〕の形は、「の」や「ま」など殆ど平仮名らしい丸みを持った簡略な形に至っていて、我々の思う平仮名像にかなり適っている。

次に、「な（奈）」「る（留）」の字によってその形の成立の一例を示した（模写。図中丸付き数字は右に挙げた六則に対応。〔難波津〕は平成二十六年平安京左京四条一坊二町出土の難波津歌木簡[注9]。このような、点画の連続から転折の円転化へという流れは、半平仮名の字一般の傾向であり、同一資料中の字どうしなら同様の簡略度合を見せる。

図4

平仮名の形が各個ばらばらに成り立ったものでないことに注意されよう。

二　筆画

転折が均されると、曲がりくねった筆画が自然ともとの経路に沿いながらなだらかな曲線を描くように平均される。その結果、平仮名は「の」の字に象徴されるように、丸い骨格に支えられた字形に変化した。草書にも丸みはあるが、純粋な円運動ではなく、骨格は必ずしも円転を主体とせず、転折も目立つ。例えば、王羲之「十七帖」の三井本に、筆画の転換部分に断筆という切れ目が表現されているのや、「秋萩帖」の草仮名が直線的で点画の切れ目を目立たせているのはこれをよく象徴している。一方で、平仮名は骨格が円運動によって支えられており、ゆっくり丁寧に書いても、丸い形で書かれる。殊に、「な（奈）・に（尓）・ほ（保）・ま（末）」のような、一回転小さく結んで下す結び落としの形は、中国の草書の筆法にはない平仮名独特の形である。この筆画の円転化は、転折の均しによってもたらされるものであって、均しの発達した〔土佐〕や〔簡然〕や〔因幡〕に、既に円転の筆画が一般化している。

動きが円に従うことは、運筆の節約に適っており、また、連綿においても、円運動であることが、上下の文字が自然になだらかにつながるのを助けている。「ふ」や「め」のように、一見草書と形が同じと思われる平仮名においても、この筆画の構造の上では異なりを見せる。円転な筆画の成立は、平仮名の字形と連綿との完成に際して重要な画期をなすものであるから、平仮名の完成の定義を考える上でも、ひとつの大きな指標と見ることができそうである。

三　連綿

草書は元来、放ち書き主体であり、運筆上たまたま二字三字が繋がる事はあるが、わざと何字も何字も続けて書くということは、特殊な書式に限られる。一方で、平仮名は元来続け書き主体であり、放ち書きにすることは、いろは手本などの特殊な書式に限られる。しかも仮名の続け書きには、草書にはない独自の法則がある。春名好重は、「漢字の連綿草はたくさんの文字を続けて書いているが、各字は孤立している。それ故、仮名の続け書きと漢字の連綿草とは違う。仮名の続け書きを連綿という。連綿は上下の文字を線で続けて書くだけではない。続けて書いた二字・三字を一字のように書くのが連綿である。それ故、仮名の連綿は上下の文字の形を少し変えるとともに線を少し省略する。そして、続けて書きやすいようにする。連綿は仮名の書の特色のひとつである。」とする（文献10、七二〜七三頁）。顕著な例では「ひと」や「こと」や「らし」の連綿で、上下の字の点画が共有されることがある。仮名の連綿は、上下の字の点画や連綿線が融和して、恰も一字であるかの如く一意のうちにまとめられ、切れ目なくなだらかに連続するという、草書にない特質を持っている。

草書は基本は独草、放ち書きであり、連綿は特殊な作風である。王羲之の子の王献之など晋代の連綿草や、張旭や懐素など唐代中期以降の狂草には顕著であるが、試みに平仮名の起源をこれらに求めてみると、日本でこうした連綿の書を能くした書き手は見当たらない。日本の草書の先駆けである空海や嵯峨天皇も、二字三字の連綿が常で、連綿を主体にした作例は見えない。南宋の姜夔《きょうき》の『続書譜』には、唐代以前の草書を評して次のように述べる。「自リレ唐以前、多クハ是レ獨草ニシテ、不レ過ギ二兩字屬連スルニ一。累ネテ二數十字ヲ一而不ルヲレ斷タ、號ケテ曰フ二連綿遊絲ト一。此雖レモ出ヅト二於古人ヨリ一、不レ足ラレ爲スニレ奇ト。更ニ成ス二大病ヲ一。古人ノ作スハレ草ヲ、如シ二今人ノ作スガ一レ眞ヲ。何ゾ嘗テ苟且ナラン。其ノ相ヒ連ナル處ハ、特ダ是レ引帶セルノミ。嘗テ攷ヘシニ二其字ヲ一、是ル二點畫一處ハ皆重ク、非ル二點畫ニ一處ハ、偶ミ相ヒ引帶セルノミニシテ、其ノ筆皆輕シ。雖モ二復タ變化多端ナリト一、未ダ三嘗テ亂サ二其ノ法度ヲ一。張顚懷素、最モ號セラルレドモ二野逸ト一、而モ不レ失ハ二此法ヲ一」（文献11）。これは、仮名の連綿が、むしろ、「偶ま相ひ引帯」するものでなく積極的につながりを作るもので、しかも、「点画なる処」を重くし「点画にあらざる処」を軽くするのでなく、字の点画も連綿線も切れ目なく連続して一意の内にまとめてしまうものであるのと、理念を反対にする。「野逸と号」せられた張旭や懐素の狂草ですら、姜夔の言うにはこの法を失なわぬものであった。連綿が多いという点では狂草と仮名とは似るが、実質はこのような異なる原理が働いている。しかも平仮名の初期の連綿は、〔有年〕のように、王羲之流の二字三字の連綿に近いもので、連綿草や狂草を移植したようには見受けられない。故に仮名の連綿の起源は、王羲之などの自然な二字三字の連綿から出発して独自の発達をしたものであろう。

　さて、連綿の定式化は貞観・元慶頃には見える。〔西三条〕の「墨書土器15」には、「かつらぎの」という字が、遅い運筆でありながら、かつ上下字の点画が遠い距離なのを、わざと連綿を作って書かれている（図5）。元慶元年（八七七）の〔東寺檜扇〕も、「なには」という字を同じように連綿している。ここには、仮名は連綿して書くものであるという認識が既に出来ている。十世紀前半か中頃成立と推定される〔左兵衛府〕では、行の頭から尻まで、全部連綿しようとばかりの勢いに連綿を作っている。この段階ではまだ連綿の点画が上下字なだらかに融和せず、一字一字の独立の体裁が保たれている。また、とにかく字を続けようという意識が強く、連綿しやすい字の続きと連綿しにくい字の続きとの工夫が浅い。降って承平（九三一～九三八）以降には、連綿の流れ方の発達したものが見えてくる。〔土佐〕や〔因幡〕、天暦五年（九五一）頃の醍醐寺五重塔の天井板の落書（〔醍醐寺〕）、康保三年（九六六）頃の石山寺蔵の虚空蔵菩薩念誦次第の紙背消息（〔虚空蔵〕）である。これらには、上字の筆勢が下字を導く、筆勢の連絡が出来ており、所々、上下の字が融和しているのが見え、円滑な連綿が書全体に流麗さを感じさせるようになってきている。

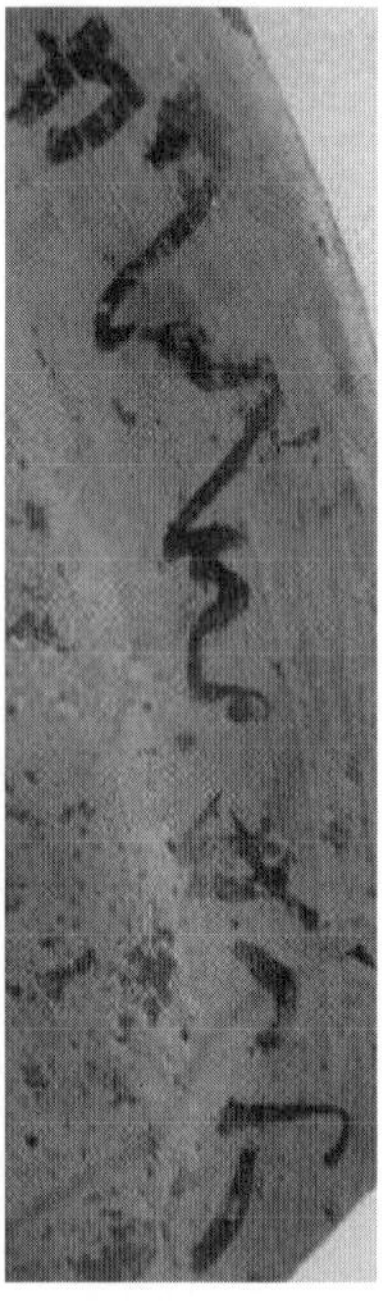
図5〔西三条〕墨書土器15

　〔虚空蔵〕の中の第三種の筆跡は、様式的に連綿の完成した十一世紀の古筆に通じるような、たとえば藤原公任筆北山抄稿本の紙背仮名消息（〔北山〕）に近い、暢達な連綿で、散らし書きに繋がるような書式も見え、伊東卓治は同文書中の第一種・第二種の連綿よりも、一段進歩した新様式と認められた（文献12・13）。大方、十世紀中頃に連綿の新様が起こり、十世紀後半から十一世紀にはそれが確立したものであろう。

ここから連綿の発達を段階づけて考えると、大体、連綿が定式化してひたすら字を続けようとする、九世紀後半の成立期と、連綿が上下の融和を指向した様式の現れる、十世紀前半の発達期と、洗練された新様式の確立する、十世紀後半の完成期というようにわけて見る事ができようか。

連綿が平仮名で独自に発達した理由は、やはり仮名を早く多く書く要求によるであろう。成立期の上下字を繋げるという方法は、簡略化において点画を繋げる事と同じ働きであり、発達期の融和してなだらかに続けるという方法は、転折を均し筆画を丸くするのと同じ働きである。

五　平仮名成立の背景

以上、三つの要素の発達から、平仮名の成立に際して満たされるべき要件を検証した。三者の発達は相い連動している。貞観・元慶期の資料に見える点画の繋ぎと連綿の成立とが、続け書きするという意識のもと共通して起こり、承平頃の資料にある転折の均しと筆画の円転化と連綿の円滑化とが、なだらかに書くという意識で共通して成り立つ。

連綿の典型の完成は、他の二者に比して一歩遅れて康保（九六四～九六八）頃以降にあるようであるが、平仮名自体の完成を論じる上では、承平頃にはすでに平仮名らしさが随分と出来上がっていると見えるから、以後の連綿の発達は様式としての完成と見なし、文字の形態の論からは副次の要素として捉えるのが良いかと思う。どの段階を純粋な平仮名の完成とするかは、見方によって意見が分かれると思うが、愚見では概ね、筆画の円転化の完成した時点が、平仮名らしさの出来上がりと思う。筆画の円転化は、既に字形の複雑な点画が大幅に簡略化されたことの証であり、更にその回転運動によって連綿の接続をも円滑ならしめるものであるから、これが一般に思い描く平仮名像を初めて備えた段階になる。こうした完成度合の評価は今後さらなる議論が必要であろう。

平仮名の完成の段階を時点として定めようとすると難しいが、ある仮名文字の資料が、どれほど平仮名らしさを獲得していてどれほど古態を留めているかということならば、以上のような観点を組み合わせる事で評価できる。たとえば、〔西三条〕は、平成二十四年の発表当時、各紙に「最古級の平仮名」とうたわれて報道され、形に簡略化があることや連綿を持つ所から「平仮名」と見る研究者も多く、一方では、簡略化が不十分であることを理由に「草仮名」と見る意見もあり、見解が分かれていた。これは、平仮名の成立についての共通の理解が確立していないためであり、いずれも印象による指摘に留まらざるを得なかった。右の方法によって分析すれば、点画の繋ぎや連綿が見える所はより平仮名に赴いているものの、転折の均しが未発達で筆画が円転しておらず連綿も円滑でない所は、まだ十分平仮名としての性格を備え尽くしていない、といった、より客観的な分析が可能になる。

以上によって平仮名の成立の過程を、限定された資料の上で大まかにいえば、貞観より以前に真仮名時代があり、遅くとも貞観年間には半平仮名時代に入っており、承平には平仮名の体系が出来上がったということができようか。ただし、文字の発達の次第は、新しい形態が旧い形態を淘汰して交替するというような一本道でなく、旧いものの上に新しいものが重なって層をなすといった、多様化の観点も必要と思われるから、今後はそれを含めた検討が必要になろう。

以上のような平仮名の特徴が成長した理由を一言でいえば、早く多く書くという指向にあるであろう。音字の仮名は義字の真名に比べて情報量が少ないので必然長く煩雑になる。和文や和歌を日常的に多く書くためには、早く書けるように、字を簡単にして、筆が速やかに進むようにするのが便宜であった。それは、一語が多音で成り、活用やテニヲハの連接がある国語の特質による文字形態・書法の変革ということができる。

最後に平仮名がなぜ生まれたかを考える。和文を物することは、真仮名でも機能としては十分に果たすことができた。然るに、真仮名が簡略化して平仮名が出来たのは、偏に右に述べた如く、早く多く書くことができるからである。しかしなぜその簡略化が真仮名が出来た当初から段々とでなく、平安時代に入ってから進み始めたのかは問題である。これは社会の問題と文字の問題との二から考えられる。社会の問題は、早く多く書くことへの需要が考えられる。平安初期、大よそ文徳天皇御宇頃までの約半世紀はいわゆる唐風謳歌の時代に当たる。桓武・平城を経て、嵯峨・淳和の二朝には勅撰漢詩集が編まれるが、唐風の隆盛によって「移《シテ》二彼《ノ》漢家之字《ヲ》一、化《ス》二我《ガ》日域之俗《ヲ》一。民《ノ》業一《ビ》改《マリテ》、和歌漸《ク》衰《ヘヌ》」(『古今集』真名序)となり、『万葉集』以来「和歌棄《テテ》不レ被レ採《ラ》」という様になっていた。つづいて仁明・文徳の朝には、少しく国風への関心が芽生え始めて、次の清和天皇の貞観期には、六歌仙が活動し、国風復興の時代となる。この期はあたかも本論で見て来た仮名の成長期に当たっている。『伊勢物語』に仮託された歌人の活動や、勅撰集や私家集の詞書に見えるように、この頃は既に和歌や消息の書記によるやり取りが活発になっていたであろう。『続日本後紀』(貞観十一年(八六九)撰)の仁明天皇の嘉祥二年(八四九)三月二十六日条に、興福寺の僧が奉った長歌がみえ、その中に「佛尓毛。神尓毛申。上流。事之詞波。此國乃。本詞尓。逐倚天。唐乃。詞乎不假良須。書記須。博士不雇須……」と詠まれており、『続後紀』の記者この歌を評して「夫《レ》倭歌之體《ハ》。比興《ヲ》爲レ先《ト》。感二動《スルコト》人情《ヲ》一。最《モ》在《リ》レ茲《ニ》矣。季世陵遲《シ》。斯道已《ニ》墜《チタリ》。今至《リテ》二僧《ノ》中《ニ》一。頗《ル》存《セリ》二古語《ヲ》一。可《シ》レ謂《フ》禮失《スレバ》　則《チ》求《ムト》二之《ヲ》於野《ニ》一。故《ニ》採《リテ》而載《ス》レ之《ヲ》」と述べており、仁明朝から清和朝にかけて国語尊重の気風が高まってきていることが窺える。次の陽成天皇の元慶六年には日本紀竟宴和歌が詠み合われ、ついで光孝・宇多の仁和・寛平年間には歌合が盛んになった。こうした高まりをうけて、醍醐天皇の延喜年には、ついに勅撰の『古今和歌集』が成立する。『古今集』には仁明朝以来の和歌が多く収められるが、六歌仙が活動し国風文化がつぼみをつけていたこの国語復興の時期にあって、国語書記の需要が高まり、平仮名の発達が促されたことは想像に難くない（吉澤義則、文献14参照）。

文字の問題は、平安初期の草書の影響によって、仮名の簡略化が急速に促進されたと考えられる。想像するに、仮名に草書が取り入れられたことから、形を簡略化するという手法を発見したのではないか。草書を正しく読み書きできた人は限られていたから、初めて仮名に取り入れたのは、或いは学者・学生や僧侶など或る程度教養ある人であったかもしれない。然るに、この簡便さが世間一般にも認知され普及するに及んでは、普通の人は草書の読み書きが十分にできないから、その草書字形が何の漢字に当たるのかを知らぬままに、ただ仮名に使われる簡易な文字として受け入れられたのではないか。もしくは、漢字であるとは知りながら、仮名だと割り切って漢字の範に敢えて執着しなかったのであろうか。そのようにして、もとの草書への規範意識を失なうに任せて、自由に書きやすく文字を工夫する余地が出てきた。このように国語復興による国語書記の需要の高まりと、草書受容による形の変革とが相俟って、平仮名の簡略化が飛躍的になされたかと思われる。

かくして、仮名が速く多く書けるようになったことで、三十余字の短歌から、五十余帖にもなる長篇の草子まで、国語の自由な読み書きが可能となった。また、文通をしたり、歌を書きのこすという営みから、自ずと美しい字を書きたいという意識が起こって、美しさに磨きがかかった。このようにして十世紀以降の仮名文学や仮名書道が発展するに至る。

以上、平仮名の成立の為の要件を想定して変遷の段階を切り分け、その変遷過程を実際の資料に基づいて検証した。平仮名が漢字を崩して出来たということは周知の事実のようではあるが、崩すといっても、その完成に至るまでは様々な工夫や構造の転換の跡が見えるので、決して単に無知に任せてなおざりに書いていたが為に生まれたというようなものではない。以上の論は、結局の所、数少ない現存資料に基づいて平仮名の成立過程を、見通しとして提示するに過ぎないから、より精密な議論は、なお多くの資料の出現と整理を将来に期待しなければならない。

注

1　これを論じたのは、古くは築島裕（文献15、一七七頁〜）があり、近年では矢田勉（文献16、第一編第二章）が検証している。

2　「女手」とは、端的には「平仮名」と同じ対象を指しているが、本稿では特に、繁雑な表現の仮名書体である「草仮名」（注6参照）に対して、簡略な表現の仮名書体としての意義で言う。

3　「真仮名」は「万葉仮名」という用語と同様の意義で使うこともあるが、一音一字表記の意味で使う慣例も見える（春日政治など）。「真仮名」は近世の用語といわれ、平安時代から近世までは「真名仮名」といった。ここでは、概念整理の便宜のため、仙覚が「真名仮名」を一音一字表記の意義で用いているのに倣って（『万葉集註釈』『仙覚律師奏覧状』）、一音一字表記に「真仮名」の呼称を用い、当て字の類を含んだ「万葉仮名」と呼び分けることとする。

4　なお、書法としての平仮名の特徴には、他にも散らし書きや墨色の表現、変え字法などがあるが、およそ書式の問題であり、文字構造から平仮名の成立を論じる上では、この三者を基礎にすべきである。

5　「半平仮名」は、佐野光一（文献6）の用語。

6　後世的な書体としての「草仮名」も、しばしば、真仮名と平仮名の中間の段階が保存継承されて書体になったものというように説明されることがあるが（小松茂美、文献17、七十五頁、など）、具さに形態を検証すると、両者は連続するものではない。半平仮名は、真仮名から平仮名へと簡略化する途上の形態なゆえに、平仮名に近づいている形も多く含んでいるが、一方、書体としての草仮名は、簡素な女手に対照して繁雑な装飾的表現を目指した結果の形態であるから、平仮名から遠ざかった行書・草書の形を好んで使っている。用語「草仮名」の近世以前の用法は『入木口伝抄』に「仮名は真の詩に対しては色葉書也。行には常の仮名。草には草仮名也。草仮名とは真名の字を草に書古筆の仮名等の如し。」と見えるなど、書体の意義である。これが成立史の用語に転用されたのは、近世以降、仮名の研究が起こってから、草仮名によって、平仮名完成以前の形態を想定したためである。

7　なお、佐野光一（文献6）は、筆者とは別の観点から平仮名の簡化則を十八項目に分類しているので、比較検討されたい。

8　西大寺本『金光明最勝王経』序品第一の読み。

9　ここに示した変遷図は、資料中の仮名の形の簡略具合に着目して並べたもので、概ね時代順ではあるが、出土資料で確定できないものは必ずしも正確な前後を示していない。ただ、半平仮名の時代は、同時期の資料どうしであっても形態に繁簡の開きのある場合があるが、繁なるものはより古い形を留めていると考えられることから、変遷の次第を考える上では有用である。なお、同一資料中の字に、極端に繁なると極端に簡なるとが混淆することは、管見の限りでは例がなく、同じ資料ならその内の字はいずれも概ね同じ発達段階を示しているようである。

引用文献

1　山田孝雄『國語史　文字篇』昭和十二年、刀江書院
2　川端善明「万葉仮名の成立と展相」上田正昭編『日本古代文化の探究　文字』昭和五十年、社会思想社
3　犬飼隆『上代文字言語の研究』平成四年、笠間書院
4　乾善彦『日本語書記用文体の成立基盤』平成二十九年、塙書房
5　佐佐木隆『上代語の構文と表記』平成八年、ひつじ書房
6　佐野光一「草仮名・平仮名の文字形体」『若木書法』第十六号、平成二十九年二月、国学院大学若木書法会
7　吉澤義則『日本書道新講』昭和十六年、白水社
8　東野治之『日本古代木簡の研究』昭和五十八年、塙書房
9　中山陽介「仮名成立史上の西三条第跡出土土器墨書仮名の位置付け」『國學院雑誌』第百十七巻第七号、平成二十八年七月
10　春名好重『仮名百話』昭和六十年、淡交社
11　西林昭一校注「続書譜」中田勇次郎編『中国書論大系　第六巻　宋三』昭和五十四年、二玄社
12　伊東卓治「石山寺蔵虚空蔵菩薩念誦次第とその紙背文書」『美術研究』第百七十六号、昭和二十九年七月
13　伊東卓治「正倉院御物東南院文書紙背仮名消息」『美術研究』第二百十四号、昭和三十六年三月
14　吉澤義則「萬葉集より古今集へ」『國語國文の研究』昭和二年、岩波書店
15　築島裕『日本語の世界　五　仮名』昭和五十六年、中央公論社
16　矢田勉『国語文字・表記史の研究』平成二十四年、汲古書院
17　小松茂美『かな』（岩波新書）昭和四十三年、岩波書店

図版出典

図1　国宝「土佐日記」（藤原定家筆）。図版は『定家本土佐日記』（尊経閣叢刊）昭和三年、育徳財団（国立国会図書館デジタルコレクション）より転載。原本は、公益財団法人前田育徳会所蔵。

図2　「正倉院万葉仮名文書乙種」（正倉院宝物）。図版は、沖森卓也ほか著『図解　日本の文字』（三省堂、平成二十三年）より転載。

図3　「円珍関係文書　藤原有年申文」部分（東京国立博物館所蔵）Image: TNM Image Archives

図4　上段：北川博邦編『日本名跡大字典』昭和五十六年、角川書店
中段：『平安京右京三条一坊六・七町跡―西三条第（百花亭）跡―』平成二十五年三月、京都市埋蔵文化財研究所
下段：伏見冲敬編『角川書道字典』昭和五十二年、角川書店

図5　『平安京右京三条一坊六・七町跡―西三条第（百花亭）跡―』平成二十五年三月、京都市埋蔵文化財研究所

「かな」と真仮名の連続と不連続を考えるために

長谷川千秋

一　「かな」の成立要件

近年、藤原良相邸跡出土墨書土器、ケカチ遺跡和歌刻書土器など、九、十世紀の「かな」資料の出土が相次いでいる。こうした資料の出土により、「かな」の成立を考えることや、万葉仮名と通称される上代の真仮名と中古の「かな」の連続性や不連続性について、より具体に即して論じることが可能になってきている。本稿は、「かな」の成立要件を整理するとともに、上代と中古の仮名の連続・不連続を考えるために、訓点資料の仮名を視野に入れることを提案しようとするものである。本稿では、「かな」という用語を、真仮名と区別して中古の仮名（草仮名・女手）の意で用いる。「仮名」を、真仮名と「かな」、片仮名など、仮名の総称として用いることとしたい。

「かな」の成立要件として次の条件が挙げられる。

Ⅰ　機能としての成立

Ⅱ　文字（かたち）としての成立

Ⅲ　仮名で書くことを必要とする用途がある
Ⅳ　社会の中で成立する

Ⅰ「機能としての成立」とは、「かな」が漢字の表意性とは異なる機能として、日本語の語形を示す機能を獲得することである。これにより、助詞・助動詞をはじめ対応する漢語のない場合や、特に日本語の語形を示す必要がある場合に、漢字に依らず「かな」でそれらを表示することが可能となる。ただし、漢字の仮借も日本語の語形を示すことが十分可能であり、漢字の表音用法の中に仮名の機能は成立しているといえ、Ⅰは上代の真仮名において既に成立していることになる。

Ⅲ「仮名で書くことを必要とする用途がある」とは、文字の運用面で求められる条件で、Ⅰが成立するために必要な条件である。例えば『古事記』序文に「全以音連者、事趣更長」（全く音を以て連ねたるは、事の趣更に長し）[注2]とあるような仮名書きのデメリットが活きる場面において、仮名が必要とされると考えられる。仮名は日本語の語形を記録として示すことのためにあり、具体的には書状や、和歌が用途として考えられる。このような用途は、『正倉院仮名文書』や『萬葉集』、歌木簡に確認され、Ⅲの条件もまた「かな」以前に真仮名において成立している。

Ⅱ「文字（かたち）としての成立」とは、「かな」が漢字と視覚的差異をもつこと、その多くが漢字の行書体、草書体とは異なるくずした「かたち」をもつことである。多くとしたのは、「於」や「女」の草書体は、「かな」の「お」「め」と視覚的差異がないからである。現存資料からは、ⅡはⅠに後れ、中古になってⅠに付帯して現れる条件であるといえる。

ただし、外形からかたちの成立を測ることは難しい。後世の観察者に「かな」と見えるかたちは、当時の書き手や読み手にとっては「真仮名をルーズに書いたもの」であるのかもしれない。とはいえ、視覚的差異が文字に現れるという状態は、意味喚起への回路が断たれ、仮名が漢字の機能用法から自立しうる可能性、漢字とは弁別的に働く可能性をいつでも備えている状態でもある。この状態が、かたちとしての「かな」が成立する契機となる。

Ⅳ「社会の中で成立する」とは、書き手、読み手の間に、書かれた文字が読め、書けるという双方向性があることを意味する。これまであまり論じられてきていないが、文字の運用においては、こうした双方向性が前提になければⅡは成立しない。したがってⅣはⅡの必要条件ということになる。短い期間に「かな」が出現したという仮説に従えば、当初そのくずしたかたちは、書き手と読み手が共有するコンテクストに支えられながらも、例えば草書「多」とは大きく印象が異なるが、それでいてその字母が「多」であると同定できる視認性を持っていたと考えられる。

視認性とは文字を読むことに関係するが、読むことと書くことの間には僅かな隔たりがある。ここで言おうとする「書く」とは、そのかたちを目指して書くということであり、そのかたちに対して「字体」の認識があって、「書く」行為が実現する。読む行為においては、字体認識がなくても、読める。社会の中で「かな」が成立するには、視認性の段階から、その「かたち」が字体として認識される段階を経て、「かな」は真に「かたち」を獲得したことになる。

「かな」の成立要件を四点示した。ⅠからⅣの要件が満たされ、つまり意味喚起への回路が概ね断たれた「かな」字体のセットが揃い、漢字とは異なる文字体系であることが自覚されて書かれたとき、はじめて「かな」が成立したといえる。「かな」のセットが出来るということと、独立した体系としての「かな」が文字として認識されることとは、不可分の関係にあると思われる。

現在発見されている九世紀の「かな」資料はⅠからⅣの要件を全て満たしているように見える。

二　訓点資料の仮名

漢字と弁別的なかたちを持つ「かな」が、漆紙文書や紙背、土器に散見するようになるのは九世紀後半から十世紀にかけてである。現存資料の範囲ではこの時期の「かな」を初期の「かな」と位置付けている。筆者もその見方に従いたい。一方、訓点資料においては「かな」に近いかたちを持つ草体仮名や片仮名のルーツとなる省画仮名が、「かな」に先駆けて使用されていることが知られている。(注3) 訓点資料の仮名について、築島（一九八一）は次のように述べる。

これら訓点資料によって、新に知られた国語史上の事実は非常に多く、音韻、文法、文体など、諸方面に亙っているが、殊に文字の歴史については、画期的な新見が提示された。即ち、平仮名・片仮名が、平安初期九世紀の訓点資料に見えること、万葉仮名から脱化発展したものであること、それは九世紀初頭から起り、九世紀末ごろには、かなりの程度まで進展していたこと、などが明かにされた。（中略）

それは、この訓点の世界が、古文書記録などの世界とは異質的であり、片仮名の発達は、殆ど訓点の世界だけに限られるばかりでなく、平仮名の方も、両方の世界の間で直接の関係交渉は考えられないということである。同じ平仮名でも、古文書記録の世界では、日本語表記のための「平仮名文」の中の文字としてそれ自体として発達して行ったのに対して、訓点の世界では、漢字のよみ方を注記するための文字として発達したのであり、万葉仮名や片仮名と併用——というよりは「未分化の状態」といった方が適切だが——の形で存在していたのである。（傍線、波線は筆者による。108～109頁）

このように、古文書記録類の平仮名（筆者のいう「かな」に相当）と訓点資料のそれは直接的な交渉のないことが指摘される。その異質性は、書き手グループが相違することと、文字の機能が「日本語表記のための「平仮名文」」の場合と「漢字のよみ方を注記する」場合とで相違することに依るとされる。漢字のよみ方の注記には、漢語に対応する和語を注記する場合と、漢字音を注記する場合とが考えられ、それらは本行と傍注とに区分されており、漢字と紛れることがない。用途において「かな」と訓点資料の仮名の機能は異なっていることになる。そして、この訓点での用途こそ、逆説的な言い方になるが、訓点の仮名は、漢字のよみ方を示す注記として本行の漢字が主、傍注の仮名が従という形式をとるために、漢字の音義によって常に仮名のよみ方が保証されているのである。つまり、真仮名や「かな」のように単独で用いることのある仮名よりも視認性は低くてよい。また、書き手のグループが異なれば、異なるグループ間では文字の視認性も問題にならない。片仮名の字体の体系的な整いが「かな」よりも遅れるのは、そのためであると考える。

こうした異質性や閉鎖性に注意しつつ、訓点資料の仮名を、真仮名や初期の「かな」と関わらせて考えてみたい。年代的には、真仮名の略体化が、訓点資料に省画仮名、草体仮名として現れ、その後「かな」が文書消息類に出現している。訓点資料の仮名は、「真仮名」と「かな」の間の期間に現れ、用途や使用者を異にしながらも、仮名のかたちや使用字母という点では、それぞれの仮名とゆるやかに繋がっている可能性があるように思われるからである。例えば、木簡資料によく現れる「伊」は、初期の「かな」に継承されず、「かな」としては専ら「以」が使われる。一方、初期訓点資料においては、草体、省画の「伊」「以」が混在しているのである。

ゆるやかに繫がる可能性を考える際に指針となるのが、乾（二〇一四）の指摘である。乾（二〇一四）は、以下の点で、歌木簡の仮名の特徴が初期の日用的な「かな」の特徴に繫がることを指摘する。

①一字一音が基本である。中には、比較的やさしい訓字がまじる。

②借音仮名の中に借訓仮名がまじる。

③一部を除いて清濁を区別しないようにみえる。

④一部を除いて変字法を用いない。

⑤上代特殊仮名遣に対して比較的ルーズである。

⑥平安時代の仮名と共通するが、記紀万葉にあらわれないものがある。

真仮名と「かな」を繫ぐこうした特徴が訓点資料には当てはまらない場合があり、それを検討しておく必要があるだろう。③⑤について、初期の訓点資料では、ドの音節に「土」を用いるなどの濁音仮名の使用や、上代特殊仮名遣としてコ甲・コ乙の区別が見られることがある。⑤の上代特殊仮名遣の区別は音韻変化の過渡的状況にあり、上代とは音韻的条件が異なるため度外視できると考える。③は訓点資料に濁音仮名が使用されることがあるが、濁音が常に濁音仮名で表記されるものでもない。むしろ「清濁を区別しない」という仮名の特性の中で、より表音性が指向される場合があったということだと思われる。訓点の仮名は、漢字のよみを示すことに用途が絞られた表音のための文字であり、これにより表音的な字母が選択されやすく、それを積極的に、精密な音の表示のために利用する場合もありうる。したがって、訓点資料の仮名も③の特徴を満たしているといえる。

では、それぞれ「字母」やかたちにどのような近接性が見られるのか、三、四節で検討したい。

三　字母の比較から見えてくること

木簡資料の真仮名、訓点資料の仮名、初期の「かな」の使用字母を比較する。木簡の真仮名は乾（二〇〇九ａ）、同（二〇〇九ｂ）の調査・分析に基づく。訓点の仮名は築島（一九八一）、同（一九八六）の仮名字体表に基づく。築島（一九八一）の仮名字体表（表30～43）は、平安極初期から九世紀後半までの各系統の主要な訓点が所収されており、点図の学派を越えて仮名字体を俯瞰することができる。築島（一九八六）からは、九世紀後半から十世紀後半の漢籍訓点資料の仮名字体表を用いることとした。漢籍訓点資料は、書き手グループという点で初期「かな」との接点が考えやすい。初期の「かな」は、鈴木（二〇一三）の掲げる資料に基づき、その後発見された資料や、その他同時期の資料を私に増補し、独自に字母表および字体表を作成した。(注4)

宇多天皇による「周易抄」の訓注は、片仮名的な字体と「かな」的な字体によって行われており、そのことから、築島（一九八六）では漢籍訓点資料として、鈴木（二〇一三）では「かな」資料として扱われている。「周易抄」のそれぞれの字母は、訓点資料での使用字母とも初期「かな」のそれとも一致している。(注5)

一〇二～一〇五頁の表1は、木簡資料の字母、訓点資料の字母および字体、初期「かな」資料の字母および字体を纏めたものである。この中で、訓点資料に見える字体「左」などは、「左」の草体と「佐」の省画の二つの可能性がある。このような場合は便宜的に見えている形を優先して字母を「左」とした。(注6)

巻末の表に基づき、三つの資料群の使用字母がどの程度一致するかを見ていく。まず、木簡資料、初期訓点資料と初期「かな」資料にそれぞれ共通する字母は、次の通りである。

木簡資料と初期訓点資料に共通する字母

ア：阿、イ：伊、カ：可、キ：支、ク：久、コ：己・古、サ：作・佐・左、シ：之、タ：多、チ：知、ツ：川、ト：止、ナ・奈、ニ：尓・仁、ノ：乃、ハ：波・者、フ：布、ヘ：部、マ：真、ミ：美、モ：母・毛、ヤ：也、ユ：由、ラ：良、リ：利、ル：留・流

木簡資料と初期「かな」資料に共通する字母

ア：阿、カ：可、キ：支、ク：久、コ：己・古、サ：佐・左、シ：之、タ：多、チ：知、ツ：川、ト：止、ナ・奈、ニ：尓・仁、ノ：乃・能、ハ：波・者、フ：布、ヘ：部、ミ：美、モ：毛、ヤ：也、ユ：由、ラ：良、リ：利、ル：留・流

真仮名資料の出土に限りがあるために、全ての音節（仮名）を比較することができないが、木簡の真仮名は、存疑例を除くと、ほぼ全ての字母が初期訓点資料の字母に見られるもので、初期の「かな」資料よりもやや一致度が高いという結果が得られる。「伊（イ）」「作（サ）」「真（マ）」「母（モ）」は、初期「かな」資料に見られない。

次に、訓点資料と初期「かな」資料の字母を比較してみる。

初期訓点資料と初期「かな」資料に共通する字母

ア：阿・安、イ：以、ウ：宇、エ：衣、オ：於、カ：可・加、キ：支・幾、ク：久、ケ：介、コ：己、サ：左・佐、シ：之、ス：須、セ：世、ソ：曽、タ：太・多、チ：知、ツ：川、テ：天・弖、ト：止、ナ：奈・那、ニ：尓・仁、ヌ：奴、ネ：祢、ノ：乃、ハ：波・者・八、ヒ：比、フ：不、ヘ：部、ホ：保、マ：万、末、ミ：美・見、ム：无、メ：女、モ：毛、ヤ：也、ユ：由、（ye：江）、ヨ：与、ラ：良、リ：利、ル：留、レ：礼、ロ：呂、ワ：和、ヰ：為、ヲ：乎

漢籍訓点資料と初期「かな」資料に共通する字母

ア：阿・安、イ：以、ウ：宇、エ：衣・江、オ：於、カ：可・加、キ：支・幾、ク：久、ケ：介・計、コ：己、サ：左・散、シ：之、ス：須・数・寸、セ：世、ソ：曽、タ：太・多、チ：知、ツ：川、テ：天、ト：止、ナ：奈・那、ニ：尓、ヌ：奴、ネ：祢、ノ：乃・能、ハ：波・八、ヒ：比・悲、フ：不、ヘ：部、ホ：保、マ：万・末、ミ：美・見、ム：无、メ：女、モ：毛、ヤ：也、ユ：由、ヨ：与、ラ：良、リ：利、ル：留・流、レ：礼、ロ：呂、ワ：和、ヰ：為、ヲ：乎

訓点資料の仮名と「かな」資料の字母はよく一致しており、僅かな差ではあるが初期訓点資料よりも漢籍訓点資料の方が共通する字母が多い。

字母を比較することにより、訓点資料は、木簡資料や初期「かな」資料とは異質でありながらもそれぞれと字母の共通性があることが見えてきた。このことは、木簡資料、訓点資料、初期「かな」資料には、字母に共通の基盤があることを窺わせる。その共通基盤は、時代的に少しずつ変化しているために、時代的に近い資料群間で近接性が見られるのではないかと考える。とはいえ、訓点資料と初期「かな」資料とでは、字母が一致しない場合もある。訓点資料と初期「かな」資料で共通しない字母に注目すると、次の通りである。(注7)

初期訓点資料にあり初期「かな」資料にない字母

伊・已、有、我、木・義・寸・岐、九・口、氣・下・家・儀、去・期・呉、坐・作、志・士・四、受、十、田・イ（他カ）・陀、千・智・竹・地、爪、手、土・刀、二、根・子、倍、真、三・未、牟・六、米・目、母、八、延、夜、理、類、列、井、恵・慧、雄

初期訓点資料になく初期「かな」資料にある字母

計、許、散、春・数・寸、所、徒、度、能、武・無、遠

漢籍訓点資料にあり初期「かな」資料にない字母

伊、木、九、下、爪、千、子、三、牟、米、井

漢籍訓点資料になく初期「かな」資料にある字母

許・古、春、所、徒、弖、度、者、布、武・無、遠

共通しない部分を含めると、初期「かな」資料の字母は、初期訓点資料よりも漢籍訓点資料により近いことがわかる。初期訓点資料は字母のバリエーションが多いために「かな」に一致しない字母も多くなっている。漢籍訓点資料にあり初期「かな」資料にない字母には、伊、千、子、三、牟、井と、後に片仮名として用いられる字母があり、一方、漢籍訓点資料になく初期「かな」資料にある字母には、古、春、所、徒、者、武・無、遠と、「かな」として主用される字母が多く見いだされる。ここには、共通基盤の中にも片仮名と「かな」とが分化する芽を見出すことができる。

四　訓点資料の仮名から見えてくること

次に、初期訓点資料の仮名と漢籍訓点資料の仮名を比較し、字母・字体の変遷を辿ってみる。字母のバリエーションが多い初期訓点資料に比べ、漢籍訓点資料は収斂傾向にある。その傾向とは逆に漢籍訓点資料で増加した音節（仮名）もいくらかある。字母に増減の見られる音節（仮名）は次の通りである。漢籍訓点資料で増加した音節（仮名）に※を付す。

	（初期訓点資料）	（漢籍訓点資料）
イ	：伊・以・已‖	↓伊・以
ウ	：宇・有‖	↓宇
※エ	：衣	↓衣・江‖
カ	：可・加・我‖	↓加・可
キ	：支・木・義‖・幾・寸‖・岐‖	↓幾・支・木
ク	：久・九・口‖	↓久・九
ケ	：氣‖・介・下・家‖・儀‖	↓介・計‖・下
コ	：己・古‖・去‖・期‖・呉‖	↓己
サ	：左・佐・坐‖・作‖	↓左、散‖
シ	：之・志‖・士・四‖	↓之
※ス	：須・受‖	↓須・寸‖・爪‖・数‖
ソ	：曽・十‖	↓曽
タ	：太・多・田‖・イ‖・陀‖	↓太・多
チ	：知・千・智‖・竹‖・地‖	↓知・千
ツ	：川・爪‖	↓川
テ	：弖‖・天・手‖	↓天
ト	：止・土‖・刀‖	↓止

ニ	：尓・二・仁‖	↓尓・二
ネ	：祢・根‖・子	↓祢・子
※ノ	：乃	↓乃・能‖
ハ	：波・者‖・八	↓波・八
フ	：不・布‖	↓不
ヘ	：部・倍‖	↓部
マ	：万・末・真‖	↓万・末
ミ	：美・三・未‖・見	↓三・見・美
ム	：牟・无・六‖	↓牟・无
メ	：女・米・目‖	↓女・米
モ	：毛・母‖	↓毛
ヤ	：也・八‖	↓也
ye	：江・延‖	↓江
ヨ	：与・夜‖	↓与
リ	：利・理‖	↓利
ル	：留・流・類‖	↓留・流
レ	：礼・列‖	↓礼
ヱ	：恵・慧‖	↓恵

ヲ：乎・雄‖　↓乎

二重傍線を付した字母は、一方の資料群にない字母である。初期訓点資料では、濁音仮名に「義（ギ）」「儀（ゲ）」「呉（ゴ）」「受（ズ）」「地（ヂ）」「土（ド）」があるが、漢籍訓点資料に濁音仮名は見あたらなくなる。この点で漢籍訓点資料の仮名は「かな」の特徴に通じる。

これ以外では、訓仮名であるもの（田・爪・手・根・真・目・夜・雄）と、漢数字であるもの（四・十・六・八（ヤ））、画数が多いもの（我・氣・理・類・慧）が漢籍訓点資料では見られなくなるという傾向がある。これら初期訓点資料に見られる訓仮名や漢数字は、漢字としては日用的で使用頻度が高いけれども、初期「かな」資料の字母には用いられない。これは、初期「かな」資料で、漢字とともに「かな」が用いられることがあるために（例えば「有年申文」や「円珍病中言上書」など）、頻出する漢字を字母とすることが避けられているからではないか。初期の「かな」字体のうち年代の早いものは、漢字と視覚的差異が小さく、漢字と紛れる可能性が高い。

しかし、訓点資料の場合、傍注の仮名は本行の漢字と紛れることがなく、平易な訓仮名や漢数字を使用することに支障がない。むしろ、使用頻度の高い訓仮名や漢数字は省画したり草体化したりしても視認性があって、使いやすかったのだろうと考える。そうだとすれば漢籍訓点資料ではこれらの字母を避けなくともよかったはずである。

そこで初期訓点資料と漢籍訓点資料に共通する字母を整理してみる。二つの資料群に共通する訓仮名には木・九・千・止・子・部・見・女・江があり、漢数字には、九・千・二・八・三がある。これらは、木・九を除けば後世に片仮名や「かな」として生き残るものがほとんどである。訓仮名、漢数字であるから淘汰されるのではなく、優勢であるかどうかに係っているようである。

字形が複雑で画数も多いものがいくらか淘汰されるのは、これらの字母は、省画して部分を取ると、視認性が落ちるからではないかと考える。省画しても元の字母に辿りやすい平易な字母の方が表音のための仮名として好まれたものと考える。また、他に優勢な字体がある場合、淘汰されることもありうる。八は初期訓点資料でハ・ヤの音節に用いられているが、ハの音節表記に用いられることが優勢で、ヤは淘汰されたのではないか。左の省画「ナ」は、サの音節表記に用いられるが、やがて「サ」に取って代わられるのは、奈の省画と視覚的差異がないからであろう。

初期訓点資料になく、漢籍訓点資料に増加の見られる音節（仮名）もある。初期訓点資料にない字母として、江（ア行のエとして）・計・散・寸・爪・数・能が見られる。江はア行のエとヤ行のエの音韻的区別が失われたことによるものである。爪以外の字母は、初期「かな」資料（の語）の主用字母であることは興味深い。省画仮名に変遷があり流動的な状態であるために、このような「かな」との連続性を生むように思われる。スの音節仮名が多いのは「かな」の場合も同じである。

五　省画仮名の字体から見えてくること

訓点資料の仮名の字体に目を向けておく。一般に、真仮名から省画仮名、草体仮名への移行を以下のように図示することがある。

↘省画仮名
真仮名
↙草体仮名

この図は省画仮名と草体仮名の「かたち」の相違を表層的に捉えているのではないかと思う。

また、訓点資料における省画仮名、草体仮名で現れている「かたち」は、真仮名の略体である段階——略体仮名で真仮名を書いている段階、現代に「歴」を「厂」と書くのに似る——があったはずである。それを片仮名への移行も含めて図示すれば次のようになる。

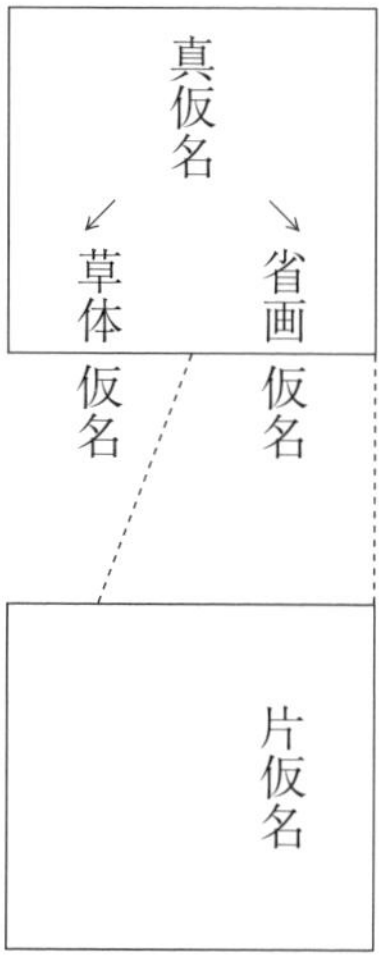

前節では、真仮名、訓点資料の仮名、「かな」に字母の共通基盤がある可能性を提起したが、字体レベルでは、省画仮名を主とする訓点資料の仮名と、草体を主とする「かな」とは不連続であるように見える。巻末の表に仮名字体を示した通り、初期訓点資料の仮名字体は、省画、草体、真仮名に分類される。省画仮名は、字母を喚起しやすい「尹（イ）」「呆（ホ）」などの字体が多く見られる中に、「阝（ア）」「オ」「コ」など片仮名的な省画仮名も散見する。「阿」「伊」「於」「保」などの真仮名に加え、「有」「須」などには「かな」的な草体仮名も混在す

る。省画仮名の画数が多いのは、仮名字体が統一されていない状況下では、字母（つまり音）を同定するための視認性を保持する必要があったのだと思われる。例えば「伊」を「イ」と偏で示す約束事が成立していない場合、「何」「佐」「他」などが想起されうる人偏よりも、旁の「尹」の方が字母＝音を喚起しやすい。

　漢籍訓点資料の仮名字体では、全体に省画仮名の画数が少なくなり、「宀（ウ）」「ト」など片仮名的な省画仮名がいくらか見られる。「介」「天」などの真仮名も見られるが、「お」「き」「は」など「かな」的な草体仮名が多く見られる。省画仮名の画数が減少するのは字体が初期訓点資料よりも安定してきたためであると考えられる。草体仮名や真仮名を交えるのは、省画仮名と草体仮名が体系として未分化であったためという説明がなされるが、それを訓点という用途の側面で見ると、訓点においては表音的であればどのような仮名を用いてもよい、という実用面での柔軟さがあったと説明できるように思われる。

　一方、訓点資料には次のような字体も散見する。

草体仮名「有」の省画 （大唐三蔵玄奘法師表啓）

草体仮名「お」の省画 （成実論）（古文尚書）

草体仮名「き」の省画 （毛詩）

草体仮名「は」の省画 （東大寺諷誦文稿）（延喜式祝詞）

草体仮名「ほ」の省画 （漢書高帝紀下）

「お」「は」は真仮名の行書や草書と連続的なかたちであり、「かな」に先行して、このような字体が用いられていたものと思われる。「有」「き」「ほ」は真仮名を省画しているというよりは、草体仮名や「かな」を省画しているものだろう。「お」「は」は初期訓点資料に見えるが、「有」「き」「ほ」は漢籍訓点資料に見えるもので、「有」

等が漢籍訓点に出現する時期には「かな」も出現しており、「かな」を知っていてそれを省画していることになる。先に図示した真仮名から省画仮名、真仮名から草体仮名へという平行的な移行は再考されるべきで、草体仮名から省画仮名へ移行する流れもあったことがわかる。

省画仮名は、朝鮮半島での訓読方法をルーツとする。日本側の訓点では、それをルーツとしながら、真仮名そのものや真仮名を略体化して使用することが行われた。「かな」が出現してからは、「かな」を取り込むことも行われた。それが行われ、字母が共通するのは、訓読を施す者が、ある段階においては真仮名の、ある段階においては「かな」の、使い手でもあったからであろう。しかし、ある意味においては訓点の世界から「かな」は生まれない。なぜなら、訓点において本行の漢字の表音記号として用いられるもので、逆説的ながら漢字に依拠して音を表示するシステムに過ぎなかった。それゆえに、漢字を離れて、真仮名や「かな」のようにそれだけで文を綴るには、未だ十分にシステム化されていないものであった。イが伊なのか保なのか、文字が約束事として社会的にシステム化されるまでは省画文字だけで日本語を書くことは考えられない。そのような意味で訓点の仮名と「かな」は連続しない。とはいえ、訓点の仮名から、真仮名から「かな」への移行を捉えるのに、訓点資料は豊かな情報を提供してくれているように思う。本稿ではその可能性を指摘するにとどめる。本稿では、真仮名とかなの連続性・不連続性について、中古の資料に基づき次の二点を指摘した。

1. 「かな」の成立要件を纏めなおし、文字（かたち）としての成立において、視認性が関わることを示した。
2. 訓点資料の仮名は、かたちの面で真仮名と「かな」を繋ぎ、字母において共通基盤があることを指摘した。

木簡資料の（ ）は存疑例。それ以外の（ ）は孤例であることを示す。”は濁音仮名。

漢籍訓点字体	周易抄字体	初期「かな」	初期「かな」字体
阿 ア マ あ	あ	安、(阿)	あ あ あ あ 阿
イ ル ル い	イ	以	以 以 い い い い へ
宇 于 宀	平 宇	宇	宇 う う
衣 ネ 衣 エ		衣、江	え 衣 江 江 江
お お オ ㇰ	お	於	於 於 お お 於
か カ 可	か 可 カ	可、加	可 の 可 の か 加
き さ さ 支 ち 木	き 丶 一	幾、支	き き き 支 支 支 支
久 ク 久 九	久 メ	久	久 久 く 久 久 久
介 个 け 下	の	計、(介)	け け け 介 ㇰ
己 こ コ		己、(許)、(古)	己 こ 己 ち う 許 古
さ た 七 廾	さ	散、左、佐	散 散 左 さ さ 佐 佐
え し し	え え	之	え し こ ら し
須 受 欠 ス 寸 爪	須 ス	数、須、春、(寸)	数 数 須 須 春 春 す
せ せ 十	せ オ 七	世	世 世 を せ を
曽 す そ い	曽	曽、所	そ そ そ 所 所
太 た タ ク	多 多 タ	多、太	多 多 う た 太 太 た
太 知 ち 千 ニ	大	知	ち ち ち
川 川 つ	一 川	川、徒	川 つ つ つ 徒 徒
天 チ て	工	天、弖	天 天 て て 弖 弖 弖
止 と ト	止 ト	止、度	と と と 止 と 度 度
奈 奈 七 丁 大 小	な	奈、那	奈 な 奈 な 奈 な 那
尓 尓 二		尓、仁	尓 尓 尓 尓 に に
奴 又	奴	奴	奴 奴 奴

表１　木簡・初期訓点・漢籍訓点・初期「かな」の字母・字体表

	木簡資料字母	初期訓点字母	初期訓点字体	漢籍訓点字母
あ	阿	阿、安		阿、安
い	伊	伊、以、（已）	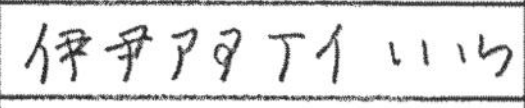	伊、以
う		宇、有	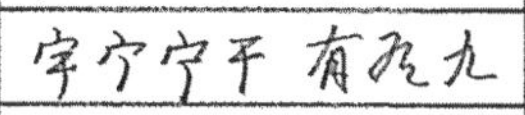	宇
え		衣	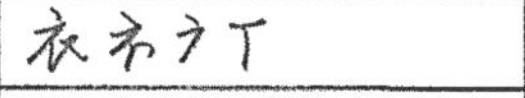	衣、江
お		於	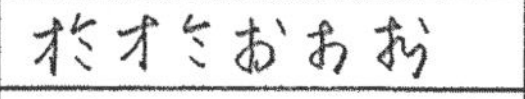	於
か	可	可、加、(我)	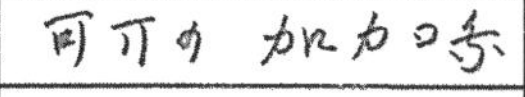	加、可
き	伎、支	支、木、義"、幾、(寸)、(岐)		幾、支、(木)
く	久、(児)、(古)	久、九、(口)	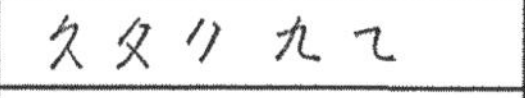	久、(九)
け		氣、介、下、(家)、(儀")	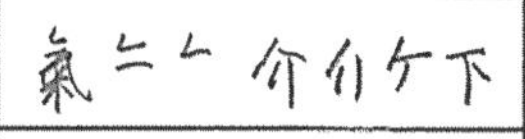	介、計、(下)
こ	己、(古)	己、古、去、期、(呉")	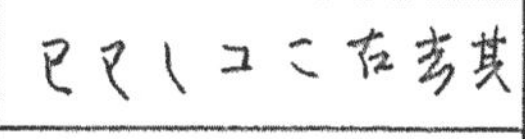	己
さ	作、佐、左	左、佐、(坐)、(作)		左、散
し	之	之、(志)、(士)、四	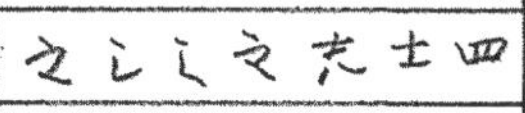	之
す		須、(受")	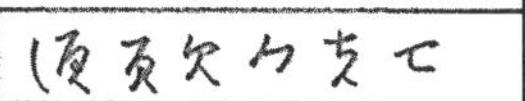	須、寸、爪、(数)
せ		世	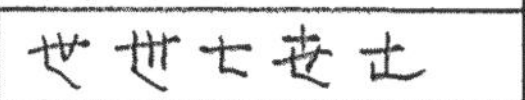	世
そ		曽、十		曽
た	多	太、多、(田)、(イ)、(陀)	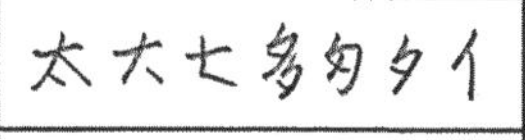	太、多
ち	知	知、千、(智)、(竹)、(地")	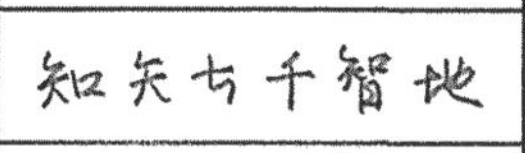	知、千
つ	川、都	川、(爪)		川
て		弖、天、(手)	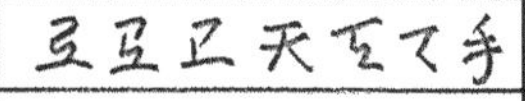	天
と	止	止、(土")、(刀)		止
な	奈	奈、那	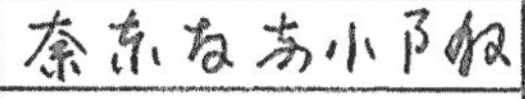	奈、(那)
に	尓、迩、仁	尓、二、(仁)		尓、(二)
ぬ		奴		奴

漢籍訓点字体	周易抄字体	初期「かな」	初期「かな」字体
祢 祢 ネ 尓 子	祢	祢	祢
乃 ノ 乃 能 能 能		乃、能	乃 乃 の の 乃 能 能 能
は 子 八	は	波、者、八	波 は は 者 者 八
比 ヒ 悲	ひ 比	比、(悲)	比 比 比 比 ひ 悲
不 ふ 不 フ	ふ	不、(布)	不 ふ ふ ふ ふ 布
へ へ へ	へ へ へ	部	部 部 部 へ
保 保 イ 木 ほ ほ ホ	保	保	保 ほ ほ 保 保
末 二 ま 丁 万 丁	万 末	末、万	末 末 末 ま ま 万
三 見 ア み み	ミ	美、見	美 み み 美 見
ム え ん え 无	え ム	无、武、(無)	无 无 武 む 无 武 無
女 め メ 女 メ		女	め め 女
毛 モ モ 无 之	モ	毛	も 毛 毛 ん も も
や ヤ ヤ		也	せ や せ や ヤ や
由 巾 由 ユ ワ	ユ ユ	由	巾 由 由 ゆ
江 江 工		江	江 工 江 江
与 与 よ 与 ヨ 与	ヨ	与	与 与 与 よ よ よ
良 ら ヨ ヨ ｌ ラ	良	良	ら 良 良 ら ら ら ら
わ リ	わ リ	利	利 利 利 利 り
留 田 ロ 十 ル	留 い ル	留、(流)	留 留 留 流 流
礼 レ レ	レ	礼	礼 礼 れ れ
呂 呂 呂 口	手	呂	呂 呂 呂
和 和 ワ 禾		和	わ わ わ
為 為 井		(為)	ゐ
恵 市 ヱ			
乎 ヲ ヲ ヲ		乎、遠	乎 ヲ 乎 を 遠 を

	木簡資料字母	初期訓点字母	初期訓点字体	漢籍訓点字母
ね		祢、根、子	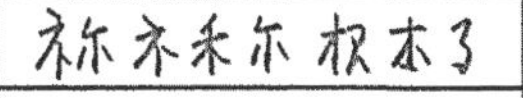	祢、子
の	乃、能	乃		乃、能
は	波、者	波、者、八	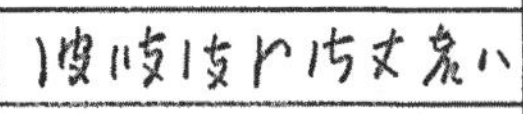	波、八
ひ		比、(非)		比、(悲)
ふ	夫、布	不、布		不
へ	部	部、(倍)	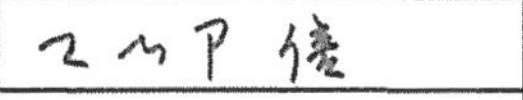	部
ほ		保	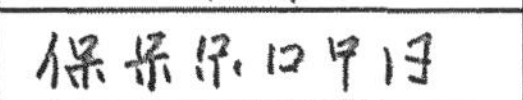	保
ま	麻、真	万、末、(真)		末、万
み	弥、美	美、三、未、見	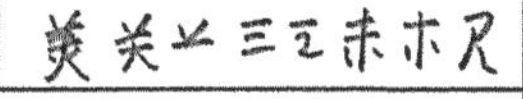	三、見、美
む		牟、无、六		牟、无
め		女、米、目		女、(米)
も	母、(冊)、毛	毛、(母)	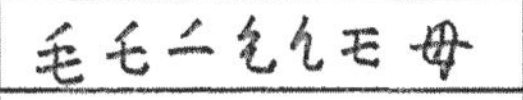	毛
や	矢、夜、移、(弥)、(也)	也、(八)	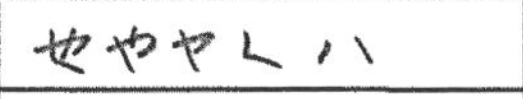	也
ゆ	由	由	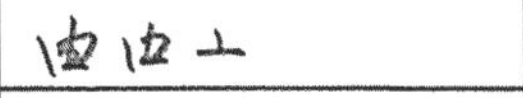	由
ye		江、延		江
よ	(也)	与、(夜)	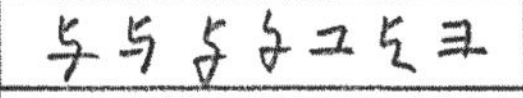	与
ら	良	良	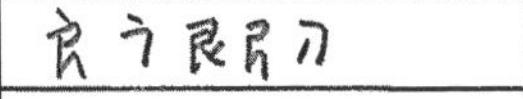	良
り	利	利、(理)		利
る	留、流	留、流、(類)	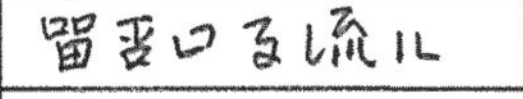	留、流
れ		礼、列	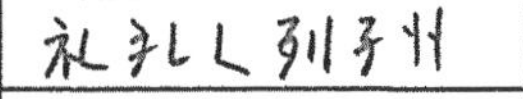	礼
ろ		呂	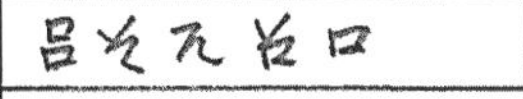	呂
わ		和	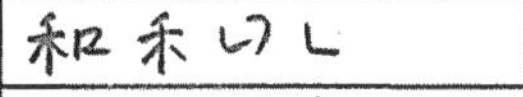	和
ゐ		為、井	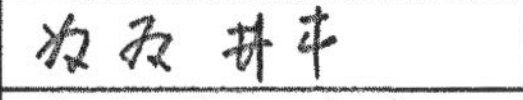	為、井
ゑ		恵、(慧)		恵
を		乎、(雄)	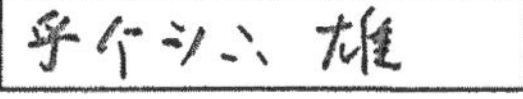	乎

注

1　真仮名は、山内（二〇一一）の整理する用語に従う。
2　引用は『新編日本古典文学全集　古事記』（小学館）による。
3　草体仮名、省画仮名および略体仮名は、矢田（二〇〇〇）の用語による。
4　ここでは字体の名称を、視覚的差異のあるかたちに対して用いている。
5　本稿では、「周易抄」を漢籍、「かな」資料から取り出して扱うこととする。なお、「周易抄」の「かな」的な字母、片仮名的な字母はそれぞれ次の通りである。「かな」ア：安、ウ：宇、オ：於、カ：可・加、キ：幾、ク：久、サ：左、シ：之、ス：須、セ：世、ソ：曽、タ：多、ツ：川、ト：止、ナ：那、ヌ：奴、ハ：波、ヒ：比、フ：不、ホ：保、マ：万、末、ム：无、ラ：良、リ：利、ル：留。「片仮名」イ：伊（イ）、カ：加（カ）、ク：久（ク）、ス：須（ス）、タ：多（タ）、ツ：川（ツ）、テ：天、ト：止（ト）、ハ：八（ハ）、ヘ：部（ヘ）、ユ：由（ユ）、リ：利（草体）、ル：流（ル他）。小林（一九九八）は、訓点として省画が用いられ、語句の注釈としての和訓には「かな」が用いられたと見ている。
6　これを「佐」か「左」か問うことはあまり意味がないと考える。訓を施した者にとって、その字母がどちらであるか（つまり、省画仮名を書いているのか、草体仮名を書いているのか）は重要なことではなかったと考えるからである。「佐」のつもりであれ「左」のつもりであれ、「左」というかたちによってサの音が表せればそれで事が足りるからである。
7　「ゑ」は初期「かな」資料に見えないため比較対象から除いた。また、初期訓点資料と初期「かな」資料の比較では、省画と別字の二つの可能性のある「非」（訓点）と「悲」（かな）も対象から除いた。

引用文献

乾　善彦（二〇〇九ａ）「難波津木簡再検討」『国文学　解釈と教材の研究』54―6、『日本語書記用文体の成立基盤』第二章第二節（塙書房、二〇一七年）所収。引用は著書による（以下同）。

乾　善彦（二〇〇九ｂ）「歌表記と仮名使用―木簡の仮名書歌と万葉集の仮名書歌―」『木簡研究』31、『日本語書記用文体の成立基盤』第二章第一節所収。

乾　善彦（二〇一二）『仮名の成立史から見る万葉集仮名書歌巻の孤立性と平仮名への連続性の研究』平成二一年度～平成二三年度科学研究費補助金基盤研究（Ｃ）研究報告書

乾　善彦（二〇一四）「万葉集仮名書歌巻の位置」『萬葉』二一八、『日本語書記用文体の成立基盤』第二章第七節所収。

小林芳規（一九九八）『図説　日本の漢字』大修館書店

鈴木景二（二〇一三）「平安京右京三条一坊六町（藤原良相西三条第）出土の仮名墨書土器」『平安京右京三条一坊六・七町跡―西三条第（百花亭）跡―』京都市埋蔵文化財研究所発掘調査報告二〇一一―九

築島　裕（一九八一）『日本語の世界5　仮名』中央公論社

築島　裕（一九八六）『平安時代訓点本論考　ヲコト点図　仮名字体表』汲古書院

矢田　勉（二〇〇〇）「文字史研究に於ける『片仮名』『平仮名』『草仮名』」『白百合女子大学研究紀要』36、『国語文字・表記史の研究』第一編第二章（汲古書院、二〇一二年）所収。

山内洋一郎（二〇一一）「仮名の語史―仮字・仮名・真仮名・女手など―」『国語語彙史の研究』31、和泉書院

調査に用いた資料

初期訓点資料　築島（一九八一）（一九八六）による。

①央掘魔羅経（聖語蔵）、仮名点、平安極初期加点
②梵網経（醍醐寺蔵）、仮名点、平安極初期加点
③沙門勝道歴山瑩玄珠碑（神護寺蔵）、仮名点、平安極初期加点
④妙法蓮華経（新薬師寺蔵）、特殊点甲類、平安極初期加点
⑤阿毗達磨雑集論（聖語蔵）、第二群点、平安極初期加点
⑥願経四分律（聖語蔵・小川広巳氏・故岩淵悦太郎氏蔵）、特殊点、平安極初期加点
⑦成実論（聖語蔵・東大寺図書館蔵）第一群点、天長五年加点
⑧金光明最勝王経注釈（飯室切）（根津美術館・ＭＯＡ美術館・五島美術館他蔵）、第一群点、天長五年頃加点
⑨妙法蓮華経方便品（故山田嘉造氏旧蔵）、第一群点、天長五年頃加点
⑩金光明最勝王経注釈（奈良本）（聖語蔵・東大寺図書館蔵）、第四群点、平安初期加点
⑪四分律行事鈔（松田福一郎氏蔵）、第四群点、平安初期加点
⑫大唐三蔵玄奘法師表啓（知恩院蔵）、第三群点、平安初期加点
⑬金剛波若経集験記（石山寺・天理図書館蔵）、第三群点、平安初期加点
⑭東大寺諷誦文稿（佐藤達次郎氏旧蔵）、特殊点、平安初期加点
⑮百法顕幽抄（東大寺図書館蔵）、第一群点、延喜頃加点

漢籍訓点資料　築島（一九八六）による。

※①周易抄（東山御文庫蔵）、乙点図（宇多法皇）、寛平九年頃加点
②古文尚書（東山御文庫・東洋文庫・神田喜一郎氏蔵）、第五群点、延喜頃加点
③日本書紀推古紀・皇極紀（文化庁蔵）、第五群点、平安中期加点
④漢書楊雄伝（上野淳一氏蔵）、古紀伝点・第五群点（藤原良佐加点）、天暦二年加点
⑤蒙求（文化庁蔵）、仮名点本、天暦頃加点
⑥漢書周勃伝（大明王院蔵）、古紀伝点、平安中期加点
⑦毛詩（東洋文庫蔵）、第五群点、平安中期加点
⑧漢書高帝紀下（石山寺蔵）、第五群点、平安中期加点
⑨世説新書（神田喜一郎氏蔵）、第五群点、平安中期加点
⑩延喜式祝詞（東京国立博物館蔵）、仮名点、天禄頃加点

かな資料
①多賀城跡出土仮名漆紙文書、九世紀中頃、書状か（築島裕「多賀城跡漆紙文書仮名文書について」『宮城県多賀城跡調査研究所年報一九九一多賀城跡』一九九二年）
②平安京右京三条一坊六町跡出土墨書土器、木簡、檜扇、九世紀後半（八五〇～八七〇年代前後）、墨書土器（墨14、15）、檜扇（難波津歌）、木簡（木簡6）（『平安京右京三条一坊六・七町跡―西三条第（百花亭）跡―』京都市埋蔵文化財研究所発掘調査報告二〇一一―九、二〇一三年）
③讃岐国司解端書　藤原有年中文、八六七年、上申書（森岡隆『図説かなの成り立ち事典』教育出版、二〇〇六年）
④東寺檜扇墨書、八七七年、落書か（『日本の美術』３１９、至文堂、一九九二年）

※⑤周易抄、八九七年、訓（『皇室の至宝　東山御文庫御物』3、毎日新聞社、一九九九年）
⑥富山県赤田Ⅰ遺跡出土草仮名墨書土器、九世紀後半以降、墨書土器（習書）（鈴木景二「平安前期の草仮名墨書土器と地方文化―富山県赤田Ⅰ遺跡出土の草仮名墨書土器―」『木簡研究』31、二〇〇九年）
⑦富山県東木津遺跡出土難波津歌木簡、九世紀後半か、木簡（難波津歌）（『石塚遺跡・東木津遺跡調査報告』高岡市教育委員会、二〇〇一年、川崎晃「気多大神宮寺木簡と難波津歌木簡について―高岡市東木津遺跡出土木簡補論―」『高岡市万葉歴史館紀要』12、二〇〇二年）
⑧左京四条一坊二町跡出土難波津歌木簡、九世紀後半か、木簡（難波津歌）（『京都市埋蔵文化財研究所調査報告二〇一四―一〇　平安京左京四条一坊二町跡』京都市埋蔵文化財研究所、二〇一五年）
⑨円珍病中言上書、九世紀末、書状（森岡前掲③）
⑩三重県斎宮跡出土仮名墨書土器、九〜十世紀、習書か（山本真吾「平仮名史に於ける斎宮跡出土仮名墨書土器の座標」『斎宮歴史博物館研究紀要』14、二〇〇五年、小濱学「斎宮跡出土平仮名墨書土器の現状と課題」、同）
⑪伊州某書状写、九〇四年（一八〇九年の写）、書状（『平安遺文』一巻、東京大学史料編纂所所蔵資料目録データベース「唐招提寺施入田券文写」第15紙）
⑫奝然生誕書付、九三八年、書付（森岡前掲③）
⑬新潟県門新遺跡出土漆紙文書第三号、十世紀第二四半期、書状（藤森健太郎、田中靖、鐘江宏之「新潟県長岡市門新遺跡出土の漆紙文書」『長岡市科学博物館研究報告』42、二〇〇七年）
⑭茨城県小作遺跡出土仮名墨書土器、十世紀前半、墨書土器（『小作遺跡』茨城県教育財団文化財調査報告集第３４６集、二〇一一年）

⑮因幡国司解案紙背仮名消息、十世紀前半、書状（伊東卓治「正倉院御物東南院文書紙背消息」『美術研究』２１４、一九六一年、小松茂美『かな』岩波新書、一九六八年（釈文は小松による））

⑯土左日記（藤原定家臨模部分）、九三五年頃、日記（森岡前掲③）

⑰平安宮左兵衛府跡出土和歌墨書土器、十世紀前半から半ば、墨書土器（和歌）（『平安京跡発掘調査概報』京都市埋蔵文化財研究所概報集一九七八―Ⅱ、一九七八年）

⑱醍醐寺五重塔天井板落書、九五一年、天井板（和歌）（伊東卓治「醍醐寺五重塔天井板の落書」『美術史』24、一九五七年）

⑲山梨県甲州市ケカチ遺跡出土和歌刻書土器、十世紀半ば、刻書土器（和歌）（『古代史しんぽじうむ』甲州市文化財調査報告書第25集、二〇一七年）

⑳虚空蔵菩薩念誦次第紙背仮名消息、十世紀半ば、書状（伊東卓治「石山寺蔵虚空蔵菩薩念誦次第とその紙背文書」『美術研究』１７６、一九五四年、小松前掲⑮）

㉑金剛界入曼荼羅受三昧耶戒行儀表紙紙背消息、十世紀半ば、書状（小林芳規「金剛界入曼荼羅受三昧耶戒行儀『周防国玖珂郡玖珂郷延喜八年戸籍残巻』紙背」『石山寺資料叢書』史料篇第一、法蔵館、一九九六年）

㉒小野道風書状、九六〇～九六六年頃（一八一九年模刻）、書状（小松前掲⑮、国立国会図書館デジタルコレクション『浪華帖道風消息』）

㉓鹿児島県気色の杜遺跡出土仮名墨書土器、九世紀から十世紀末、墨書土器（和歌）（鈴木景二「気色の杜遺跡出土の仮名墨書土器」『気色の杜遺跡（大隅国府跡）』霧島市教育委員会、二〇一一年）

㉔北山抄紙背仮名消息、九九六年より少し前、書状（『仮名消息』日本名跡叢刊一〇〇、二玄社）

本研究はＪＳＰＳ科研費ＪＰ１６Ｋ０２７２３の助成を受けたものです。

思うままに書けるように ――「仮名」が「かな」になる過程を考える――

奥村悦三

一　かなによって日本語が思うように書ける、という奇蹟

仕えている中宮定子に極上の料紙で仕立てられた冊子を賜り、折々に文章を綴っていったときのことを想起して、清少納言は次のように言う。(注1)

宮の御前《おまへ》に、内《うち》の大臣《おとど》の奉りたまへりけるを、「これに何を書かまし。上《うへ》の御前には史記《しき》といふ文《ふみ》をなむ、書かせたまへる」などのたまはせしを、「枕《まくら》にこそは侍《はべ》らめ」と申ししかば、「さは得《え》てよ」とて給はせたりしを、あやしきをこよや何やと、つきせずおほかる紙を書きつくさむとせしに、いと物おぼえぬ事ぞおほかるや。

おほかた、これは世の中にをかしき事、人のめでたしなど思ふべき、なほ選《え》り出でて、歌などをも、木、草、鳥、虫をも言ひ出したらばこそ、「思ふほどよりはわろし。心見えなり」とそしられめ、ただ心一つにおのづから思ふ事をたはぶれに書きつけたれば、物に立ちまじり、人並《な》み並《な》みなるべき耳をも聞くべきものかは

と思ひしに、「はづかしき」なんどもぞ、見る人はしたまふなれば、いとあやしうぞあるや。

（『枕草子』、「この草子、目に見え心に思ふ事を」）

こんなふうに、『枕草子』の文は思いつくことを書き留めただけのものだと言われると、驚かざるをえない。そのいくつかを見るだけで、それがどれほど印象深い文章か知れるのである――。

心ときめきするもの　雀《すずめ》の子飼《こがひ》。ちご遊ばする所の前わたる。よき薫物《たきもの》たきて一人臥《ひとりふ》したる。唐鏡《からかがみ》のすこし暗《くら》き、見たる。よき男《をとこ》の、車とどめて、案内《あない》し問はせたる。頭《かしら》洗ひ化粧《けさう》じて、香《かう》ばしうしみたる衣《きぬ》など着たる。ことに見る人なき所にても、心のうちは、なほいとをかし。待つ人などのある夜、雨の音、風の吹きゆるがすも、ふとおどろかる。

（「心ときめきするもの」）

三条の宮におはしますころ、五日の菖蒲《さうぶ》の輿《こし》など持《も》てまゐり、薬玉《くすだま》まゐらせなどす。若き人々、御匣殿《みくしげどの》など薬玉して、姫宮《ひめみや》、若宮につけたてまつらせたまふ。いとをかしき薬玉ども、ほかよりまゐらせたるに、青《あを》ざしといふ物を、持《も》て来たるを、青き薄様《うすやう》を、艶《えん》なる硯《すずり》の蓋《ふた》に敷きて、「これ籬《ませ》越しに候《さぶら》ふ」とてまゐらせたれば、

みな人の花や蝶《てふ》やといそぐ日もわが心をば君ぞ知りける

この紙の端《はし》を引き破《や》らせたまひて書かせたまへる、いとめでたし。

（「三条の宮におはしますころ」）

これらの文は、日常の些事にふと目がとまって考えてみたこと、身辺の小事に心を動かされて感じたことを「たはぶれに書きつけた」だけのものだと筆者は言うのだけれども（とはいえ、実は、そのいずれもが慎重に推敲されたこと、いくつかは改稿さえされたことは間違いないのだが）、それらが取り集められ、一書に仕立てられるや、あまたの同時代人に愛でられ、今日も多くの人に親しまれている卓越した作品が成ったというのは驚嘆すべきこ

とである。その作者の感受性と表現力とはよほど優れたものであったと考えなければならないであろう。
とは言え、そのきらめく才能がそういう形で世に現れえたのも、日々の暮らしと折々の感情とについて思うままに語った日本語文をそっくり文字に写せる条件が備わっていたからであることを忘れてはなるまい。それ以前、例えば奈良時代には、同じほどに感性豊かで、才長けた人がいたとしても（いや、確かにいたに違いない）、そのように魅力的な作品を書き残すことはできなかったろうと思われるのである。

奈良時代にも、もちろん、人々が深く心を動かされること、その感動を口にせずにいられなくなることはたびたびあったろうし、感じるところを美しい日本語で語ることも少なくなかったはずである。はっとするほどに個性的で印象的な表現がしばしば用いられたであろうことは疑いない。だからこそ、鮮烈なことばで切実な思いを歌に詠むことができたし、そのような歌から傑出したものを選び集めて『万葉集』を編むこともできたはずなのである。だが、にもかかわらず、作者の個性が刻みこまれた仮名文が成立することは、ついになかったのであった。

いったい、ありふれたことにも情趣を感じる繊細な人は、いつどこにでもいるはずで、そういう人は、当然その感懐を表現したいと思うものだろうが、日本人が思うままを仮名で表現しようとしたか否かという点で、奈良時代以前と平安時代以降とがまったく違うというのはなぜだろうか。

世に生きてさまざまな出来事に出会うたび、何かしらの思いを抱き、それを表現したいと思うのは、もちろん、人間の本性であろう。『古今和歌集』仮名序に

やまと歌《うた》は、人《ひと》の心《こころ》を種《たね》として、万《よろづ》の言《こと》の葉《は》とぞ成《な》れりける。世中《よのなか》に在《あ》る人、事《こと》、業《わざ》、繁《しげ》きものなれば、心に思《おも》ふ事《こと》を、見るもの、聞《き》くものに付《つ》けて、言《い》ひ出《いだ》せるなり。

こう述べられているとおり、(注2)あふれる思いが「言《こと》の葉《は》」になるというのは、疑いないことであろう。だとすれば、間違いなく、人のことばとは思うままを表現するものだと言えよう。繊細の精神をもつ人が、思うことを自分なりのことばで他人に伝えないでいられなくなるのは当然だろう。時には、それを書き記したいと思うのも自然なことであろう。

にもかかわらず、奈良時代までは、時々に切実な気持ちを印象的に語ることはあっても、そのことばは歌になっているのでなければ書き留められることなく、さながら失われたのであった。ならば、『枕草子』が、ふだんのことばで綴られた散文作品として初期の傑作の一つであることに疑いはないけれども、清少納言が不滅の傑作をものしえたのが、話す日本語をそのままに書き写せる文字があってのことだったことも、忘れてはならないだろう。かなという、それが可能な文字があったことの意味は、まことに大きい。我々が古代人のことばや心を知りうるのは、ただそれあってこそなのである。

とは言え、文字がありさえすれば筆者のことばやその思いをたやすく理解することができる、と言えるわけではない――なぜなら、今や（あるいは、今も）、文字化された（もしくは、文字化されうる）ことばこそが、言語そのものだと考えられ、その正しい用法を知る拠りどころとさえ時に思われてもいるほどだけれども、言語とは、究極的には、文字で記されたものでなく、話しことばだと考えるべきことが、早く、二〇世紀初頭にソシュールによって言明されていたのであった。その論に、(注3)

言語と書とは二つの分明な記号体系である.; 後者の唯一の存在理由は, 前者を表記することだ.; 言語学の対象は, 書かれた語と話された語との結合である, とは定義されない.; 後者のみでその対象をなすのである.

かく言われているが、その趣旨は、話しことばこそが、人が「心に思《おも》ふ事《こと》」を他人に伝達する手段となるもの、本来的に存在する——それゆえに、研究するに値する——言語そのものだ、ということであろう。だから、書く文字は、話されたことばを正確に示すかぎりにおいて評価されるのである。それゆえに、日本語を話すままに記せるかなは日本語にとって比類ない文字なのであり、清少納言が『枕草子』を書くことができたのも、それを使用できたからであることを忘れてはならないだろう。

ことばと文字との関係を同様に考える立場は、本居宣長の、次のような論にも見出されるだろう。(注4)

…先《ヅ》上《ツ》代に書籍《フミ》と云物なくして、たゞ人の口に言傳《イヒツタ》へたらむ事は、必《ズ》書紀の文の如くには非ずて、此記の詞のごとくにぞ有けむ、彼《レ》はもはら漢《カラ》に似るを旨《ムネ》として、其《ノ》文章《アヤ》をかざれるを、此《レ》は漢にかゝはらず、たゞ古《ヘ》の語言《コトバ》を失《ウシナ》はぬを主《ムネ》とせり、…此記は、いさゝかもさかしらを加《クハ》へずて、古《ヘ》より云《ヒ》傳《ヘ》たるまゝに記されたれば、その意も事も言も相稱《アヒカナヒ》て、皆上《ツ》代の實《マコト》なり、是《レ》もはら古《ヘ》の語言《コトバ》を主《ムネ》としたるが故ぞかし、すべて意も事も、言を以て傳《フ》るものなれば、書《フミ》はその記せる言辭《コトバ》ぞ主《ムネ》には有ける、…

ただ、もちろん、この宣長の論は、書きことばと話しことばとの関係を直接論じたものではない。そこでの宣長の主たる関心事は、『古事記』と『日本書紀』の違いを明らかにすることである。彼が説くのは、『古事記』が、上代の「意も事も言も」受け継がれてきたとおりに伝える（「たゞ古《ヘ》の語言《コトバ》を失《ウシナ》はぬを主《ムネ》と」する）ことを目指し、それゆえに語られていたことばを正確に写そうとするものであるのに対し、『日本書紀』はひたすら漢文（漢語）らしく飾ろうとしているものであるから、日本の古代を究明するには、書紀ではなく記をこそ重んじなければならない、というだけのことである。

だが、記紀の優劣を論じたその言説から、話しことばこそが思いをさながら表現するものだとする言語観を読み取ることは容易であろう。宣長は、ことばが文字なくして（「書籍《フミ》と云物なくして」）存在するものであること、

『古事記』のことばはそもそも語られるものとしてあったことを確信するゆえに、安万侶は、漢字伝来以前に口頭で伝承されていた純粋な日本語を忠実に写そうと（「古より云傳《いひつた》へたるまゝに記」そうと）して、あえて漢文らしい書き方を採らなかったと推測される、と言うのである。そして、宣長は、そこには古代日本人の思いの真実（「上代の實《マコト》」）が見出されると結論し、『古事記』を読み解くことを最優先すべきだと主張する。宣長の論からは、『古事記』が、漢字のみで書かれているけれども、かなだけを使って書くように日本語を記したものだとする判断とともに、その判断の基底にある、話しことばこそが思いを正しく伝えるものだとする信念をも見て取ることができるのである。

このように宣長の考え方を辿ってみれば、古代人がどう日本語を書いたのか、その際に仮名（万葉仮名）はどのように使われたのかを明らかにするために、どのような問題を検討すべきかは明らかであろう。奈良時代（以前）にも仮名を使って、ことばを口にするままに書くことができたはずであるのに、なぜほとんどそうしなかったのか（それゆえに、話すことばそのままを書いた散文はほぼ皆無である）、また、どのようにして、平安時代に移りゆくとともに今に見るようなかなが生まれ、『枕草子』のような文章を書くことが可能になったのか、つまり、「仮名」から、かなはどのようにして成立したのか――それらの問題をいま一度検討しなければならない。

二　万葉仮名によっても日本語は話すとおりに書かれた、という見解

しかし、かなの成立について考える前に、日本語を話すままに書ける文字ができたのは平安時代以降のことであったとする一般的な見解を否定する論を見ておかなければならないであろう。

と言うのは、奈良時代以前、「仮名」は、形がほぼ漢字のままであるというだけでなく、使い方も中国における「仮借」の用法そのものなのであり、だから、それはまだ日本語の文字ではなかった（それゆえに、「古《へ》より云《ヒ》傳《ヘ》たるまゝ」を記そうとした『古事記』さえすべてを「仮名」ばかりで書かなかった）と思われるのだが、そう考えるのは間違いだと批判する、次のような論が出されているのである。（注5）

…従来，奈良時代の万葉仮名の字種の豊富さのみが強調され，常用仮名の存在，及びその存在意義は殆ど無視されてゐたが，かゝる一面観は根本的に是正されねばならない．常用仮名の存在とその変遷は8世紀初頭以後確実に実証し得るのである．社会に通用する常用仮名の存在は，幼時より常用仮名を学習する慣習の存在した事を推定せしむるものである．奈良時代の常用万葉仮名は，平安時代以後の平仮名・片仮名ほどではなくても，それに類似の役割を果したものに違ひない．少くとも8世紀の日本人は，正格或は変格の漢文で日本語を表記することを学ぶまへに，当時の常用仮名で思ふ所を綴る事を習つた事と考へられる．和文の真仮名表記は日本語を発音されるまゝに表記するものであるから，当時の人々にとつては万人向であり，その自由さ，気楽さ，at home な心やすさは，漢字仮名交り文に慣れてゐる現代の我々には十分に想像出来ない程のものがあつたに相違ない．この表記は原則的には和読の唯一性を保証し得る長所を有してゐる事を忘れてはならない．平安時代以後，漢文に熟達した男子も，和歌や個人的消息文には，通常平仮名書を用ゐる様になつたのは，奈良時代以来の真仮名表記の強固な伝統を想定せずしては，其の真の原因を究める事は不可能である．平仮名は真仮名の嫡子なる事を銘記すべきである．奈良時代に於ても，常用仮名の体系が確立し，仮名表記が自由に行はれる様になつた以後は，歌謡の最も自然な表記は1字1音節の真仮名表記を主体とするものであり，個人的使途の簡単な散文も多くは同様に表記された事と思はれる．天平宝字6年頃のものといはれる甲乙両種の正倉院仮名文書の仮名表記は，当時のものとしては寧ろ例外的なものとするのが通説であるが，恐らく真相ではあるまい．奈良期の遺文は殆ど公的使途のもののみであるが，かゝる偏つた資料によつて当時の仮名表記の状況を推定するのは危険である．

この論で、奈良時代に日本語を書く状況がどういうものだったと考えられているか——と言えば、次のように要約できよう。

1　当時も、限定された字種の仮名で音節を表記して、話すままの日本語で思うところを綴るのが常であった。

2　そのような常用仮名を用いて日本語を綴ることを幼時より学習するのが、少なくとも八世紀にはすでに慣習になっていた。

3　和読の唯一性を保証する真仮名表記は、歌謡のもっとも自然な表記であったし、個人的使途の散文も多く同様に表記された。

4　当時の仮名表記の散文が残されている例は甲乙両種の「正倉院仮名文書」に限られるが、それは公的使途のものしか残されなかったことによる偏りである。

もしこう言えるのなら、万葉仮名は、字体こそ違え、つまりはかなとまったく変わりない文字だったし、それを用いて、かなでかな文が記されたのとまったく同様に仮名文が綴られた、と考えられるだろう。また、そう考えさせる全音仮名書きの書簡が、右の論で言われているとおり、わずか二例ではあるが確かに残っていて、しかも、それが、その一つを一見するだけでも、次のとおり自由に気楽に書かれた日本語文としか思えないものであることを考えれば、その推測は疑いなく妥当なものだとさえ言えるだろう。(注6)

和可夜之奈比乃可波
利尓波於保末之末須
美奈美乃末知奈流奴
乎宇気与止於保止己
可都可佐乃比止伊布之可流
可由恵尓序礼宇気牟比
止良久流末毛太之米
弖末都利伊礼之米太末
布日与祢良毛伊太佐
牟之加毛己乃波古美
於可牟毛阿夜布可流可
由恵尓波夜久末可利太
末布日之於保己可川可佐奈
比気奈波比止乃太気太可比止
□《(序)》己止波宇気都流

我《わ》が養育《やしなひ》の代《かは》
りには、大坐《おほまします》
南《みなみ》の町《まち》なる奴《ぬ》
を受《う》けよと、大床《おほとこ》
が司《つかさ》の人《ひと》言《い》ふ。然《しか》る
が故《ゆゑ》に、それ受《う》けむ人《ひと》
ら、車持《くるまも》たしめ
て、奉入《まつりい》れしめたま
ふ日《ひ》、米《よね》らも出《いだ》さ
む。しかも、この箱見《はこみ》
置《お》かむも、危《あや》ふかるが
故《ゆゑ》に、早《はや》く退《まかり》た
まふ日《ひ》し、おほこが司《つかさ》
靡《なびけ》なば、人《ひと》の丈高人《たけたかひと》
ぞ辞《ことば》うけつる。

（「正倉院文書仮名文」（乙、同釈文）

この文章は、ほとんど文に親しむことのない人が、思うままに話すように書いたものだ、と多くの人が考えている。ならば、奈良時代にも『枕草子』を彷彿させるほどの文章を書くことも十分に可能だったはずだし、現に書かれたはずだ（ただ、不幸にもそれらはどれも残されていないが）、と言う人もいるだろう。また、さらには、もしかしたら、古代日本の神話と歴史も語り継がれていたとおりに常用仮名で書かれたし、受け継がれていたその仮名書きの資料が、極限まであるいはほどほどに、漢文らしく書き改められることで『日本書紀』や『古事記』が成立したとも考えられる、とさえ主張されるかもしれない。

だが、ほんとうにそのように考えられるのか――と言えば、そうではない。なぜなら、そう考えるのでは、『古事記』が、なぜ誦習されていたことばを阿礼が発音するままに書いた（「同様に表記された」）ものでないのか、なぜ全音仮名表記されていないのか、理解できないからである。

ただ、それについても、もしかすると、『古事記』（散文）では、平安時代に個人的消息文ではふつうに男子にも用いられたかなを「公的使途のもの」には使えなかったように、常用仮名を使用することができなかったので、「真仮名表記を主体とする」表記を採用できず（だから、歌謡のようにどうしても全音仮名表記したい場合にも常用仮名は避けられる）、特別な音仮名を用いる音訓交用表記と変体漢文とを混用した、漢文めかした今の書きようが採られたのだ、と言われるかもしれない。

だが、安万侶がぜひとも「古《ヘ》より云《ヒ》傳《ヘ》たるまゝに」書くことを目指したゆえに、正格でないばかりか、変格の漢文とさえ言えない書き方をあえて採ったとも推測されているのだから、もし、当時「常用仮名で思ふ所を綴る事」がすでに「強固な伝統」となりつつあったのなら、その仮名表記をどうにかして用いようとしなかったはずがない、と考えられるだろう。仮に、散文部分をそっくり「人の口に言傳《イヒツタ》へたらむ」ままに全音仮名表記で記そうとしても常用仮名を使うことができなかったとすれば、歌謡（など）の表記に使っている特別な仮名字母を用いてでも、語り継がれていたであろうままを仮名で書くことができたはずだと考えられるのである。

しかし、そもそも、奈良時代（以前）に、ぜひとも仮名を用いて表記しようとする場合には、それも許容されてはいたけれども、その際も、『古事記』などでは使用字母に制約があったというのは、どういうことなのだろうか――次の論によって今一度考えてみよう。(注7)

三　万葉仮名は三つの様式に区別され、様式ごとに使い方が違う、という事実

…止は、ふるく推古遺文から見え、奈良時代には、仏足石歌のごときにあらはれ、ずつと、引きつゞいて用ゐられて、平安時代の略体がなの段階につながる（「と」も、「ト」も、止から脱化したものである）。しかし、一方、記紀はいふに及ばず、万葉集にも、止の字は用ゐられてゐない。このやうなことは、略体がな――そこでは、まんにようがなでは区別のまもられた清濁も区別しない――の系譜を考へるうへにおいて、注意すべきことがらに属する。

文を草するにあたつてゝいかなるまんにようがなを用ゐるかは、字に対する価値意識ないしは価値感情が、これを左右したであらう。これは、個々の作例についていへば、その作品のスタイルの問題になるわけであるが、こゝでは、類としてのまんにようがなに対してなされる、一定の規準にもとづく選択のしかたを、抽象的につぎのやうな三つの様式に分けてみることゝする。まず、第一には、同時代における――すなはち、いはゞ *contemporary* な――字音（いはゆる漢音と呉音との別は一往、問はない）を背景とする借音いつぽんだてのゆきかた、これを、漢字正用の仮字様式といふ意味で、正用体とよぶことにしよう。つぎに、第二には、反対に、清濁を区別しないうへ、止のやうな、字音の系統において孤立した文字（たとへば、ほかには、キに対する文とか、ツに対する川のごとき）をまじへて書くところの、いはゞ平俗な――*vulgar* な――

ゆきかた、これを、漢字俗用の仮字様式といふ意味で、俗用体とよぶことにしよう、（借訓がなの混用は、もちろん、いとはない）。第三には、借音がなのなかに借訓がなをもまぜて用ゐるが、清濁は原則として区別し、かつ、同時代の字音体系に照らしてみるときは原音の不明な、特殊な慣用の文字は用ゐないゆきかた、これを、通用体とよぶこととする。

この三つの様式は、奈良時代においては、たがひにならびおこなはれた。万葉集のうたは、正用体か通用体かのいづれかで書かれてゐる。（…）俗用体の例として挙ぐべきは、正倉院蔵のまんにようがな文の文書（…）である。しからば、古事記における文字の使用のしかたは、これらの様式の歴史的な発達のうへにおいて、いかなる地位を占めるものであるか。…古事記における文字の使用のしかたそのものが、みぎの問ひに対して、ある程度、みづから、答へてくれるとおもふ。

古事記には、固有名詞といふ特殊のばあひをのぞけば、借訓がながみられないといふ点では、正用体がとられてゐるわけである。

奈良時代の仮名使用にこのような特徴が認められるというのは、間違いないことだろう。また、そう考えてこそ、『古事記』で、安万侶の理想であったはずの、阿礼の語るままを常用仮名で綴る方法がなぜ採られなかったかが理解できるというのも確かなことであろう。万葉仮名は、かなとはまったく異なるものであり、かな同様に話すとおりを書記することのできない文字だったと思えるのである。奈良時代の「仮名」は、平安時代の「かな」とは本質的に異なっていて、「作品のスタイル」にふさわしい「類」の字母を厳密に使い分けることが強制された文字だったのであり、『古事記』などの作品に仮名―散文の組み合わせが現れることはありえなかった、と言わなければならないだろう。

しかし、右の論に言う、厳しく使い分けられるという「まんにようがな」の「類」とは、つまりはどのようなものだろうか。それを考えてみるために、奈良時代の音仮名の（そこで挙げられていた音節以外のものも含めて）字母の使い分けの実態を図示してみよう。（注8）

	…コ（乙）	ノ（乙）	ヲ	キ（甲）	ツ	ト（乙）…
正用体	…許	能	遠…			
通用体	…許	能	遠…			
	…己	乃	乎	岐	都	等…
俗用体	…許	能	遠…			
	…己	乃	乎	岐	都	等…
				…支	川	止…

この図を見ると、まず、音仮名の用いようから考えて、「類としてのまんにようがな」について、右の論に若干訂すべき点のあることが知れよう。正用体・通用体・俗用体と命名されている各類は、すべてが固有の字母だけから成る完全な体系として、対等なものとして「ならびおこなはれた」ものではないのである。だが、もちろん、それでも、仮名の用法が三種に区別されることは否定できないのだが、では、三つの「体」は、字母の使い方におけるどのような違いによって区別されるものであるのだろうか――それらがどう異なっているかを明らか

にするために、まずは、『続日本紀』の宣命を取り上げて、俗用体とはどのような「体」なのかを見てみよう。(注9)

三宝乃奴止仕奉流天皇羅我命盧舎那像能大前仁奏賜部止奏久此大倭国者天地開闢以来尓黄金波人国用理献言波有登毛斯地者無物止念部流仁聞看食国中能東方陸奥国守従五位上百済王敬福伊部内少田郡仁黄金出在奏弖献。此遠聞食驚伎悦備貴備念波久盧舎那仏乃慈賜比福波陪賜物尓有止念閇受賜里恐理戴持百官乃人等率天礼拝仕奉事遠挂畏三宝乃大前尓恐毛恐美毛奏賜波久止奏。

(第一二詔)

これを一瞥するだけで、宣命が俗用体で書かれた作品であることは明白であろう。そこでも、ト(乙)が、「止」という俗用体特有の仮名で記されているのである。だが、とは言え、俗用体で常用される仮名だけが用いられているのではない。同じ音節を記すのに、「止」とともに正用体に用いられる「登」も使っているし、「乎」で書くはずのヲに「遠」を使用してもいる。正用体を採る作品ではその類固有の仮名のみを用いることが強いられているのに対し、俗用体の作品ではその類の仮名だけでなく、正用体に特徴的な仮名がこだわりなく混用されるのである。

このような事実を確認すれば、すべての仮名の「類」が純粋で完結した字母の体系なのではないと考えるしかないだろう。原則に基づく閉じられた字母の体系をなしているのはただ正用体だけであって、そこでは、純粋に本来の中国語音に基づいた(「同時代における…字音…を背景とする借音」の)仮名だけが使用され、他の字母は徹底的に排除される。だが、俗用体は、日本語音との慣習的対応にのみ基づく、古くから受け継がれてきた字母(「原音の不明な、特殊な慣用の文字」)を用いるとともに、正用体の字母をも取り入れることをためらわない開放系であって、用字体系と言うにはあまりに雑然とした場当たりな用字法でしかないのである。

その状況は、字母に即して言い換えれば、正用体で採用された仮名は、他の体に、俗用体に広がっていくことが可能であり、そして、現に拡散している、ということである。

四　万葉仮名では、ふだん常用の字母が文学作品などで使われない、という不思議

正用体特有の仮名は他の体にも広がり、そこでも用いられるが、逆のことはなく、結果的に、正用体だけが完全な用字体系であるのに対し、他の体は多少とも雑多なものであるという、「体」の非対称的なあり方は、どのようにして生じたと考えられるだろうか——その点について、正用体と俗用体との中間的な性格をもつ通用体に即して考えてみることとしよう。『万葉集』巻五を見てみよう。（注10）

伴之伎与之《はしきよし》　加久乃未可良尓《かくのみからに》　之多比己之《したひこし》　伊毛我己許呂乃《いもがこころの》　須別毛須別那左《すべもすべなさ》　（七九六）
多都能馬母《たつのまも》　伊麻勿愛弖之可《いまもえてしか》　阿遠尓与志《あをによし》　奈良乃美夜古尓《ならのみやこに》　由吉帝己牟丹米《ゆきてこむため》　（八〇六）
比等未奈能《ひとみなの》　美良武麻都良能《みらむまつらの》　多麻志末乎《たましまを》　美受弖夜和礼波《みずてやわれは》　故飛都ゝ遠良武《こひつつをらむ》　（八六二）

ここで、俗用体の仮名が厳しく排除されていることは明らかであろう。この作品では、キ（甲）は、「伎」や「吉」で（また、他にもいくつか異なる同様の字をもって）書かれるが、「支」が用いられることは決してなく、同様にツは「都」などで記されて「川」が使われることは絶対にないなどという事実を確認すると、俗用体が徹底して排除されていることは明白である。しかし、俗用体に特徴的な字母を厳格に拒絶する一方で、正用体の字母は躊躇なく取り入れているのである。

このような事実を知ると、「体」とは、使用字母の純粋性と、そこから生じる体系としての完結性とに対するこだわりようの違いで三段階に区別される仮名の様式だ、と考えられよう。また、それらが、用いる作品のスタ

イルに応じて選択されるものでもあることを思い合わせれば、「字に対する価値意識ないしは価値感情」によって順位付けられる三つの階層だ、と言うこともできるだろう。

つまり、奈良時代、仮名は、正用体が究極のあるべき用字体系であり、通用体、俗用体は、かりそめに、より簡便な用字法として使うこともできるものだというのが、当代人の価値意識あるいは価値感情だったのだろう、と言うのである。それは、『古語拾遺』に記載される、次のような歌謡の文字遣いから見ても疑いないことだと言えるのではないだろうか。[注11]

　歌曰美夜比登能於保与須我良尒伊佐登保志由伎能与呂志茂於保与須我良尒今俗哥曰美夜比止乃於保与曽許侶茂比佐止保志由伎乃与侶志茂於保与曽許侶茂詞之轉也

ここでは、歌謡が俗のものであるか否かによって、作品の階層に応じて、仮名の様式も異なっていることが直ちに認められるだろう（全体の歌意は本歌も俗歌も理解しがたいが、初句は同じで、「宮人の」という意味だと解される。ところが、その同じことばが、本歌では「美夜比登能」と記され、俗歌では「美夜比止乃」と記されていて、異なる字母が用いられている。他の部分を見ても、俗歌と違い、本歌が一貫して正用体を用いていることは明らかである）。だとすれば、仮名で書くとき、字母は、ただ使いやすさだけで選ばれるものでなく、そのスタイルにふさわしいか否かを意識して選択されるものであったと思われ、それは、次の論に説かれるところからも疑えないことだ、と考えられるのである。[注12]

　…巻五や巻十七以降の音仮名を主とした巻巻で、とくに贈答した書簡をそのまま貼《は》り継《つ》いで巻子本《かんすぼん》にしたような箇所において、作者自記の文字が見えるのではないかと思われる事実が指摘できる。

　それは、天平末年に越中国守となった大伴家持がしきりに下僚の大伴池主と歌文を贈答しているが、この二人が音仮名「賀」の使用をめぐって顕著な差を示すことである。すなわち、家持は、多礼賀思良牟母《たれかしらむも》（誰か知らむも　17・三九五〇）…

のように「賀」の字を清音カに用い、池主は、

宇多賀多母《うたがたも》（必《うたがた》も　17・三九六八）…

などと、濁音ガに用いる。それも一、二例にとどまらず、両人まったく同数の十三例にのぼる。賀は呉音ではガだが、漢音ではカに相当する類の子音（匣母《こうぼ》）の字である（…）。その漢音は、唐代の標準音として外人教師（音博士《おんはかせ》）から教授された字音体系であり、いわば読書音である。では家持はどこでその読書音を習得したのであろうか。

彼は従二位大伴旅人の嫡子《ちゃくし》である。…おそらく大学寮《だいがくりょう》に籍を置いていたにちがいない。…家持はその大学で経学を学び、そこで好むと好まざるとにかかわらず、必修科目としての語学、漢音学習を強制されたのである。ところが、同じ大伴でも、支流に生まれ大学に進まなかった池主にとっては、漢音はまったく無縁であった。その違いがこの「賀」の使用の差となったのであろう。

ここで、池主が「賀・ガ」を用いるのに（そして、それが『万葉集』でふつうの用字法であるのに）、家持は「賀・カ」を使っていることが指摘されているが、家持がそんなふうに仮名を使うのは、言われるとおり、それこそが「当代の標準音」に適った表記法であるからだろう。万葉人は、通用体を常用しながらも、そういう正用体にふさわしい用字法こそが正しいものだとする意識を脱することはなかった、と考えなければならないであろう。

そして、さらに、そもそも『万葉集』に全音仮名表記が用いられたのも、人々のそのような意識に寄りかかってのことだった、と考えられるだろう。と言うのは、仮名表記された最初期の万葉歌について、次のような論があるから、である。（注13）

余《ヨ》能《ノ》奈《ナ》可《カ》波《ハ》牟《ム》奈《ナ》之《シ》伎《キ》母《モ》乃《ノ》等《ト》志《シ》流《ル》等《ト》伎《キ》子《シ》伊《イ》与《ヨ》余《ヨ》麻《マ》須《ス》万《マ》須《ス》加《カ》奈《ナ》之《シ》可《カ》利《リ》家《ケ》理《リ》（巻五の七九三）

神亀五年（七二八年）六月二十三日

…この巻頭の歌について特に注意する価値のある点は、その「かな書き」である。これは言葉の表記に関し、かな文字の淵源となり、日本語の散文を可能にした。この歌は万葉仮名のみを用いて書いた、万葉歌人の最初の和歌である。…

これに先だつこと十六年、或いは八年にして、『古事記』および『日本書紀』の古代歌謡も書き表わすために同様のことがなされている。意味だけでなく音声を正確に伝えるためにはこの方法によらざるをえなかったであろう。…奈良京時代には八十八音節があったが、その音を代表する漢字は『古事記』で六百六十字、『書紀』で三百九十字、『万葉集』としては千二百字にも及んでいる。…

かかる千二百の文字のうちから一目して迷わずに読めるような簡便な表記法を流行せしめること、それが旅人の思いつきであったらしい。それがためには用字を百字くらいに限定し、しかもそれを常用しなければならない。

もちろん、ここで述べられていることが、すべて正しいと言うのではない。奈良時代（以前）、歌が書かれるようになったとき、近年発掘されている多数の「歌木簡」からしても、まず仮名表記されるのがふつうのことだったと今では考えられているのであり、さらには、現在音訓交用表記されている歌も、初め仮名書きされたものが書き換えられた結果我々の見ている形になった（場合もある）と考えられ、そのような書き換えの過程を具体的に推定する試みがなされてさえいることを思い合わせれば、七九三番歌に即して、最初に歌を「万葉仮名のみを用いて書いた」万葉歌人は旅人であったと言うことなど簡単にはできないはずなのであった（そもそも、その歌

の今見る書きようが旅人のものと考えてよいのかに疑問がありうることはさておいても。(注14)

だが、そうではあるけれども、『万葉集』に限って言えば、旅人や憶良を作者とする、巻五に現れる歌々が、そこで仮名表記されている最初の和歌と思えるものであることは、やはり注目すべき点だろう。と言うのは、それら仮名を主体とする表記が用いられる巻五の歌が、きわめて特徴的な用字法の見られるものでもあるからである。その巻でノ（乙）とヲとを記す字母に、奇妙な偏りがあるのである。巻一から巻六までの、それらの音仮名の使用状況を、わかりやすくグラフで（正確を期するために、表も添えて）、次に示そう。(注15)

ノ（乙）およびヲの音仮名の各字母の、巻毎の分布（百分比）

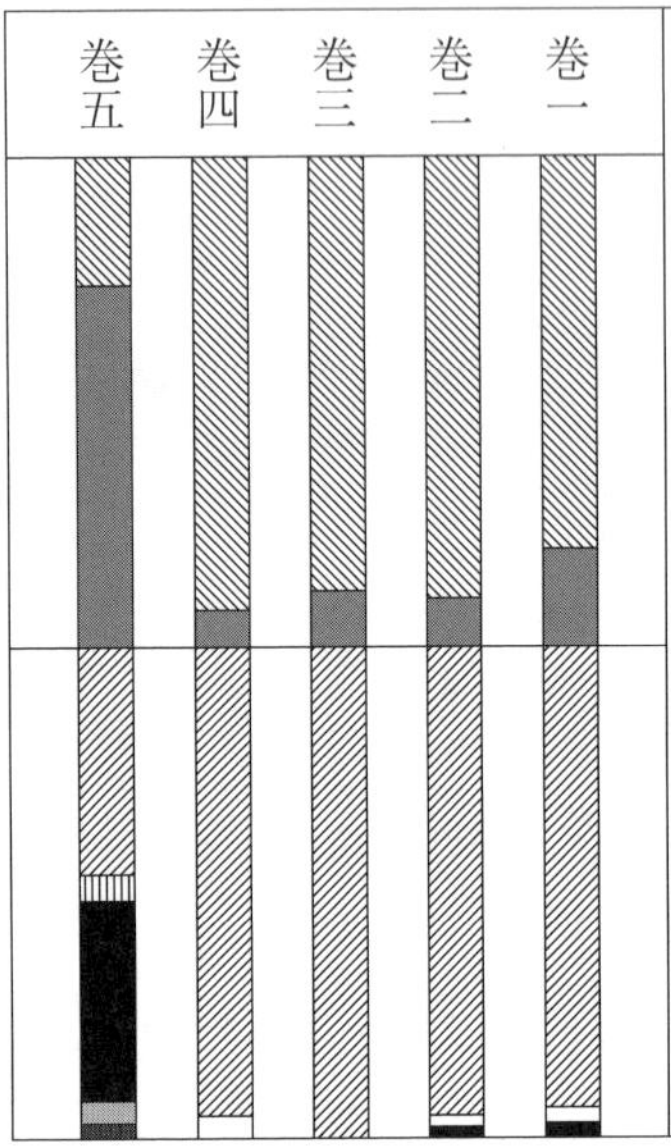

音節	字母 ＼ 巻数	巻一	巻二	巻三	巻四	巻五
ノ（乙）	乃	113	146	207	117	69
	能	27	17	25	9	195
ヲ	乎	48	102	114	145	48
	呼	1	2		6	
	越					4
	遠	1	2			43
	袁					7
	怨					2

一～四巻と六巻とで用いられる一般的な字母（『万葉集』の通用字とも言える仮名）と異なる、特例的と言う

しかない字母が五巻で頻用されていることがたやすく見て取れるだろう。しかも、注目されるのは、そこに見られる希少字母が、『古事記』に特徴的な仮名でもある、ということである。

そうであってみれば、『万葉集』に「先だつこと十六年、或いは八年前」に成った両書で、古代歌謡を書き表わすに際し「意味だけでなく音声を正確に伝える」ために採られたのと同じ表記法を初めて用いた（と言われる）巻五が、表記するに際して表音を旨とするという点においてだけでなく、どういう用字を選択するかの点に関しても『古事記』そっくりである（ように見える）ことは単なる偶然とは思えないだろう。つまり、巻五の巻頭の歌は、記紀をなぞって「万葉仮名のみを用いて書いた、万葉歌人の最初の和歌」だと考えるのは、けっして荒唐無稽な説ではないだろう、と言うのである。

しかし、そう言えば、歌については、当時すでに口で言ったとおりに仮名だけで書くのが一般的だった点はすでに確認していることで、そういう説は成立しがたいと考えられるかもしれない。

だが、「万葉歌人」の和歌については、仮名で表記されるようになったのは、やはり、旅人などが記紀に倣って万葉歌を仮名書きしたことから始まったと考えられるのではないだろうか。なぜなら、和歌を常用仮名で書くのが一般的だったとしても、それらを集めそのまま載せるのでは、できるのは「俗曰」だけの歌の集でしかないものになってしまうはずで、しかるべき歌集ではそれは避けるべきことだっただろうから、である。だから、貴人に読まれるにふさわしい書では、常用仮名で全音仮名表記された歌が収められることはありえなかったし、『万葉集』などはそもそも仮名主体表記の歌を入れていなかった（だからこそ、多数の歌が俗用体の常用仮名で書かれた時代に、『万葉集』は、全巻を通じて通用体を用い、その仮名を厳しく排除する方針を貫いている）と思われるのであり、ただ記紀に倣い、正用体を採ることでのみ、旅人はその制約を乗り越えられたとも思われるのである。

それを考えると、奈良時代の仮名が下位の用字法へと拡散している現象から、正用体をあるべきものとする古代日本人の「価値意識ないしは価値感情」を読み取ることは間違いではない、と言ってもよいだろう。

五　かなは万葉仮名とどう違うのか、かなが成立するとはどういうことか、という問題

さて、このようにして、通用体での全音仮名表記が可能となった契機として、また、通用体と俗用体における用字の、今見るとおりの多様な（あるいは、雑然とした、とも言える）あり方の原因として、正用体をよしとする価値意識のあったこと、それを模倣しようとする傾向のあったことが認められたのだけれども、では、模倣の対象だったという正用体は、どのようにして成立した用字法なのだろうか。その仮名は、中国語（漢語）に堪能な古代日本人が、日本語を聞いた中国人がそれを書記しようとした場合に各音にもっとも近い中国語発音をもつ字を選び取るであろうように、それぞれの日本語音に対し当てるにふさわしい漢字を選び出したものだ、と考えられるだろうか。

と言えば、もちろん、正用体の仮名は、日本人によって、日本語の文字として選択された文字ではないだろうと考えられるのであった。それは、それもまた模倣によって使われるようになった用字法だ――それも、この場合には中国ですでに行われていた表記法である――と考えるべきことが、次のとおり、すでに指摘されているのである。(注16)

法華経及び維摩経の羅什訳が古事記及び風土記の文体に与へた影響は根本的なものである。

散文の未発達な所へ漢文がはいつて来てこれが文化の象徴となり聖徳太子の三経義疏のやうなものまで作られてしまつては、固有の文字なき国の説話は国音を以て記し様がない。しかし、固有名詞や歌謡は音を記録し得なければ意味がない。かういふ古事記撰録者の懊悩の前に、救ひの手を伸ばすやうに現はれたのが羅什訳の法華経や維摩経である。西域人の羅什がインドの仏典の固有名詞や咒文《じゆもん》の音を漢字を借りて表記した不翻語は、古事記にとつて旱天の慈雨といふべきモデルだつたと見られる。その動かし難い痕跡を挙げて置かう。…

古事記はアの字はすべて「阿」で現はすが、これは中国固有の古典には稀な字で、孟子に一回、詩経に十一回、書経に二回、礼記に一回しか使はれない。これに反して法華経その他の仏典となると、阿羅漢・阿修羅・阿僧祇劫《あそうぎこう》・阿弥陀・阿耨多羅三藐三菩提《あのくたらさんみやくさんぼだい》、その他多くの固有名詞に始終使はれてゐる。ナの字は古事記ですべて「那」で示す。これも中国固有の古典では詩経に三回顔をだすだけの字であるが、法華経その他では富楼那《ふるな》・緊那羅《きんなら》・那由他《なゆた》・那羅延《ならえん》等のごとくしばしば用ひられる。ハの字も古事記では「波《ハ》」と「婆《バ》」しか使はないが、「波」は書経に二回、詩経に一回、婆は詩経に二回現はれるのみで、かへつて法華経その他に波闍波提《はじやはてい》・波羅蜜《はらみつ》・優婆塞《うばそく》・優婆夷《うばい》・娑婆世界《しやばせかい》・婆羅門《ばらもん》等々のごとくしきりに出てくる。これ、古事記が漢訳仏典の表記法をモデルに使つた証拠である。

このように言えるなら（というよりも、そう言うしかないように思えるが）、正用体の仮名は、日本語の音声を記す文字ではあるが、いまだ日本語の文字ではない、と考えざるをえないであろう。それは、日本語の「音を漢字を借りて表記した」漢字であって、中国語の立場から（中国人をまねて）日本語を記したものに過ぎない、と思われるのである。だから、中国で字の音が変化すれば、日本で発音の変化が起きなくても、音節に当てられるべき漢字が変わることになる。「賀 - ガ」が、「賀 - カ」の仮名になるのである。また、「ト - 止」という仮名などは、日本語を記すのに「常用」されるものであったのに、中国人にとって「原音の不明な」ものだとなれば、使用が慎まれる字母になる。奈良時代の仮名は、いつも、誰もが、自分たちのことばを書記する際の便利さにだけ基づいて使える文字ではなかったと言うしかないであろう。

それゆえに、また、仮名の使いようは、人ごとに、もつ知識に応じて、異なっていたと考えなければならないであろう。一方には、家持のように、字 - 音の対応にも気遣いしつつ表記しようとする人がいて、そのために、正用体には新たな仮名字母が取り込まれる。だが、他方には、もちろん、仮名を、それが中国における仮借に由来することを意識することなく、ほとんどもっぱら日本語の文字として用いる人々もいたことだろう。それは、仮借的用字法と仮名的表記法が並存する状態だった、とも言えるかもしれない。

しかし、それら二つの日本語書記のあり方が、互いに無関係に通用していたとは言えないだろう。中国語（漢語）から新たに正用体に持ち込まれる文字が、新しい字母として通用体や俗用体にまで流れ込むことは、ついに止むことがなかったからである。してみれば、正用体 - 通用体 - 俗用体は、等しく、日本語を書き記すものとして同じ文字ではあった、と考えるべきであろう。常用仮名も、日本人が共有する万葉仮名に含まれるものと考えられていた限りで、ついに日本語の文字になりきることはなかったと言わなければならないであろう。

そして、仮名は、字形についても、それがいかほど変り果て、とても漢字と見えないものになっても、日本語の文字の独自な形と認められることはなかった、と考えざるをえないだろう。「かな」には、その形の美を追求して、かな書道を生み出すことができるだろうが（かなの名品とされるものが、いくつも残されているように）、同じことが常用仮名について成り立つことはない。字形が崩れた万葉仮名は、崩れた字形の漢字でしかないのである。だから、常用仮名の書に逸品を見出すことはできない。つまり、形に即しても、「仮名」から「かな」への変化は、日本語の筆記者が、全体として、それを中国語（漢語）の文字と捉える意識を脱することからしか始まらない、と言うのである。

ただ、いずれの言い方をするにせよ、そのような考え方は、「仮名」から「かな」への変化を見極めるのに、あまりに個々の使用者の意識にこだわり過ぎていて、あまりに主観的で、文字の歴史をほんとうに明らかにするものではない、と批判されるに違いない。

しかし、仮名‐かなの変化の過程で、まずは使用者ごとに異なった意識で用いられる段階があったことは否定できないのであり、だから、「仮名」から「かな」が生まれることは、そういう段階があったにもかかわらず、やがて筆記者が全体としてその文字を中国語から切り離し、日本語のものと意識するようになることで可能になった、としか考えられないのではないだろうか。そして、古代日本語に起きた文字の変化をそのように説明しようとするのと同様の考え方は、音韻変化を扱った論者が、参照すべき例に挙げた字形変化について説く次の論にも見られるのである。(注17)

…ハ行音は、そのあらわれる環境の違いにもとづいて、あい異なった変化をした。…

…このような規則的な変化がどうして起こるのか、その説明ははなはだ容易でない。ただ、…その発音機構は、幼少の時分、周囲の者の発する音声を聞き、かつそれを自分で再現してゆく過程のうちに自得するものである（その過程は、もとより、それそのものとしては、伝達を目的とする自己表出の言語行使であるはずだが、そのかたわら、また、これは、自分の再現を自分で聞いてたえざる修正をほどこしてゆく、そういったいとなみのくりかえしともなる）。その獲得がなるべく周囲の者の発音に近づけようとしてなされるものであることは、いうまでもない。しかし、それが、結果において全同な形で成功するというわけのものでないことも、これまた、容易に期待されるところである。

このへんの事情は、文字の習得およびそののちにひきつづくたえざる使用（筆記、書写の行為）の面から、類推をもってするとき、いっそうよく理解しうるであろう。文字の場合には筆写の用具が指の延長としてあやつられ、その行為は…原則的にみて、客観的な安定の度合いがつよい。すなわち、それだけ、行為の結果の自己同一における精密の度合いをたかめうるものと考えられる。それでも、個々の実現された形（書かれた文字）について、aの形とa'の形とをたがいに一つAの実現として私たちが認定する場合には、実際には、こまかくいえば、そこにはいろいろなくい違いがあるのを、それを、私たちは、いわばすててみているのである。たとえば、同一人が、同じときに、同じふでで、ある文脈にたまたま前後してあらわれる二つの同じ文字を、もちろん、同じ文字として理解されることを意図して書いたとして、この最後の〈同じ〉がいま問題なのである。この場合、書き手の意図にもかかわらず、二つが、その外形においてひとしくないことは、目で見て明らかである。すなわち、実現された形の世界においては、形と形とのあいだにつねにではいりがある。しかし、そういうではいりはあっても、それが社会に一般に見られるところのゆるされた範囲からそれていないならば、それは、はじめから理解にとっては無視される。それにもかかわらず客観的には、つねに、形と形とのあいだのではいりはくりかえされているわけであって、そして、実現への行動は、たとえ、なげやりにではなくとも、おおむね無意識のうちに、はこばれるのであるから、そのではいりのではいりという形をとってあらわれる周辺の部分が、それに対する中心の部分に対して、あるくせをもったぶれ方をし、しかも、そのようなぶれが、多元的に発生し、たがいに助長しあいつつ、くりかえし実現されるならば、やがて、そのようなぶれは、いわば中心の部分にかかる重力を一定の傾斜でずらすにいたるであろう。ついで、この重心のずれがさらに習慣として比重をましてくれれば、古い重心と新しい重心とのあいだに〈様式的な〉対立がうまれる。世代の交替のまにまに、古い様式はいつか新しい様式へとすりかえられる。…

ここで論者が音声のことを念頭に置いて、文字に即して描く言語変化の過程は、ほぼ異議なく受け入れられるのではないだろうか——。

「同じ文字」を「意図して書いた」としても、書かれたものは、実は、「その外形においてひとしくない」。それを逆に言えば、「形と形とのあいだにつねにではいりがある」文字が、にもかかわらず「同じものとして理解される」。（筆記者によっては字形の崩れる場合があるけれども、万葉仮名は漢字であり続ける。）

しかし、形の「ぶれが、多元的に発生し、たがいに助長しあいつつ、くりかえし実現されるならば」、いずれは形が「古い重心と新しい重心」を中心とする二つの「様式」となって対立するが、時の経過とともに、「世代の交替のまにまに、古い様式はいつか新しい様式へとすりかえられる」。（万葉仮名が、初め、さまざまな字形で書かれるというだけの漢字であったものが、後には、かなという日本語の文字になっている。）

そして、万葉仮名がかなに変化した後は、今度は、かながいろいろな形で（筆記者によっては、漢字と見まがうような形でさえ）書かれることになるが、その違いを「私たちは、いわばすててみて」、同じかな「として理解」する。（かなが万葉仮名と異なるものであるのは、筆記者のその意図が理解される条件が全体として満たされていてのことである。）

こうしてみれば、「仮名」から「かな」への変化を説明することばとして、右に引いた論はほぼ欠けるところのないものだ、と考えられるであろう。

もし、にもかかわらず、なお、それにあえて付け加えることがあるとすれば、右の論では、万葉仮名とかなの間に、ただ時の経過（「世代の交替」）があるだけであるかのように説かれているけれども、時に同じ形でさえありうるものが、筆記者‐「私たち」が「仮名」を意図しているか「かな」を意図しているかの違いに応じて、異なるものと理解されることが、もう少し注意されるべきであった、ということであろう。つまり、「仮名」から「かな」への変化は、日本語を表すのに漢字を意図して文字を使う意識から、日本語を記す文字を意図して使う意識への転換によってこそ可能であったことにもっと注目することが必要だろう、と言うのである。かなの成立過程を、筆記者のそのような意識のあり方を踏まえ、意識の違いから生じる特徴によってなおいっそう精密に分析することは、いまだなお果たされていない重要な課題ではないだろうか。

注

1　引用は、松尾聡他『枕草子』、新編日本古典文学全集、一九九七年、小学館刊、による。
2　引用は、小島憲之他『古今和歌集』、新日本古典文学大系、一九八九年、岩波書店刊、による。
3　引用は、ソシュール（小林英夫訳）『一般言語学講義』、一九七二年、岩波書店刊、四〇頁、による。
4　引用は、本居宣長『古事記伝』、「古記典等總論」、『本居宣長全集』第九巻、昭和四三年、筑摩書房刊、六頁、による。
5　引用は、大野透『万葉仮名の研究』、昭和三七年、明治書院刊、一〇・一一頁、による。
6　引用は、正倉院文書・仮名文(乙)については、『正倉院古文書影印集成』、同釈文については、小松茂美『かな――その成立と変遷――』、一九六八年、岩波書店刊、による。
7　引用は、亀井孝「古事記は　よめるか」、『古事記大成』第三巻、昭和三一年、平凡社刊、一三五～一三七頁、による。

8　ここに挙げる図は、かつて、拙稿「かなで書くまで――かなとかな文の成立以前――」、『萬葉』一三五号、平成二年、において示したものである。また、以下に示す、「類」に関わる見解についても、ほぼ同様の考えをそこに示している。
9　引用は、北川和秀『続日本紀宣命　校本・総索引』、昭和五七年、吉川弘文館刊、による。
10　引用は、小島憲之他『萬葉集』二、新編日本古典文学全集、一九九五年、小学館刊、による。
11　引用は、『古語拾遺』（嘉禄本）、『古語拾遺　嘉禄本・暦仁本』、新天理図書館善本叢書、二〇一五年、天理図書館出版部刊、による。
12　引用は、小島憲之他「文字のこと」、『萬葉集』一「解説」、日本古典文学全集、一九七一年、小学館刊、二九～三二頁、による。
13　引用は、土居光知『古代伝説と文学』、一九六〇年、岩波書店刊、一五三～一五七頁、による。
14　『万葉集』をはるかに溯る作品として、『古今和歌集』序にも挙げられる著名な「なにはづ」の歌を記したものなど、多数の「歌木簡」が見出されていることは、周知のところであろう。それらについて概観した論としては、例えば、栄原永遠男「歌木簡その後――あさかやま木簡出現の経緯とその後――」、『萬葉語文研究』第5集、二〇〇九年、参照。また、歌の、仮名表記から音訓交用表記への書き換え過程を具体的に検討した試みとしては、例えば、佐野宏「萬葉集における訓字主体表記の形成について」、『叙説』第三七号、平成二二年、参照。
15　ここに示す図も、ほぼ同様のものを、前掲拙稿において示した。ただ、今回ここに掲げるに際し、正確を期すために、改めて、井手至他『新校注　萬葉集』、二〇〇八年、和泉書院刊、によって、用例数を計数した。
16　引用は、神田秀夫『古事記の構造』、昭和三四年、明治書院刊、一一〇～一一一頁、による。
17　引用は、亀井孝他『言語史研究入門』、日本語の歴史別巻、昭和四一年、平凡社刊、八七～九〇頁、による。

第二部の綜括

乾　善彦

第二部は「平仮名の登場」をテーマに、研究報告に基づく中山陽介「平仮名成立の諸要件」と、長谷川千秋の「「かな」と真仮名の連続と不連続を考えるために」と題した問題提起、加えて、奥村悦三「思うままに書けるように――「仮名」が「かな」になる過程を考える――」をおさめる。

「平仮名」という語については、近年、用例の検討からいわゆる「いろは仮名」のみを指すとすべきであるとの見解もあるが（山内洋一郎「ことば「平仮名」の出現と仮名手本」（『国語国文』八〇―二、二〇一一・二）、ここでは、いまなお慣用に従って、平安時代の変体仮名を含めて、高野切などに代表される草体の仮名一般を指す。しかしながら、山田健三「「草仮名」名義考」（『国語語彙史の研究・三十二』二〇一三、和泉書院）が提起するような「草仮名」との区別はやはり問題となる。このセクションにおいては、書道史的な観点からの報告もあるので、「草仮名」の扱いについては、個々の報告で必ずしも一致していない点は、最初にことわっておかねばならない。また、山田健三「仮名をめぐるターミノロジー――仮名用語再考・再論――」（『信州大学人文科学論集』

五号、二〇一八・三）では、仮名にまつわる研究上の用語（術語）について、全般的な見直しの提案がなされているが、このような用語の区別については、かめいたかしが「学問の歴史と進歩は、ある意味では、術語の歴史と進歩である。」というように（「日本語の現状と術語」『亀井孝論文集1　日本語学のために』一九七一、吉川弘文館、初出は一九四八年）、術語の問題は研究の最終的な課題でもあるので、「仮名」「平仮名」「片仮名」については、今は慣用に従って議論を進めることに、大きな問題は生じないということが、全体の了解事項としてあったことを付記しておく。

中山は、書道史的な観点から、漢字の用法としての「仮名」が、文字としての「仮名」へと展開する流れを概観したうえで、「平仮名」の成立を論じる。特に形態的な特徴面から、平仮名の性格を次の三点からとらえる（五八頁）。これらはすぐれて「かたち」の面から平仮名をとらえようとするものである。

①形の簡略化……個々の字の形が、漢字の楷書・行書の形または草書の形をより簡略にしたものになっている。

②筆画の円転化……字の骨格となる筆画が円運動によって成り立ち、一般に字が丸みを帯びている。

③連綿の定式化……字と字との続け書きが、特殊な技法ではなく平仮名一般の書き方として定式化する。

従来指摘されていた、③の連綿が草仮名ではなく平仮名であることの指標となるかどうかは、議論が分かれるところである。「藤原有年申文」の仮名がすでに連綿を含んでおり（中山論文参照）、連綿の度合いにもよるが、これが草仮名（あるいは真仮名）と平仮名とを分ける特徴とは、なしがたい面がある。①の特徴が「かたち」からの離脱によって文字としての仮名が成立するもっとも大きな要件であるが、ここでは草書体の受容によって「かたち」からの離脱が始まったこと、しかしながら、「平仮名」の「かたち」は草書体のそれとは異なる点が多いことが指摘される。このあたり、漢字の草書体だけが「平仮名」成立の契機ではないことの指摘は重要である。これを、佐野光一の「半平仮名」(「漢字よりの意識・形態の乖離が有りながら、且つ平仮名典型の諸要素を未だ全うしないものを中間段階とする」)という用語で説明する。さらにその「かたち」の特徴が、②「円転化」つまり丸みを帯びた運筆によるというのは、書道史の方面では当然のことであろうが、やはり重要な指摘である。それはのちに、カタカナとの差異化に重要な要素となるからである。

この三つの性格は、日本語を書く上で「速書き(速く多く書く)」を可能にした。そのきっかけは書法としての草書の受容であり、そしてこれを要請したものは、六歌仙時代、歌合など和歌を速く多く書く需要が高まったという社会事情であったと考える。それは同時に、和歌を美しく書くという志向につながり、平仮名独自の芸術性を生み出していったと結論付ける。

これに対して、長谷川は新出資料も含め、仮名成立期の資料を網羅したうえで、平仮名(長谷川は「仮名」と「かな」とで真仮名と平仮名とを書き分ける)の成立要件を、次の四点にまとめる(八五〜八六頁)。

1　機能としての成立＝日本語の音節表示
2　文字(かたち)としての成立＝漢字との視覚的差異
3　仮名で書くことを必要とする用途があること＝日本語語形の表示(和歌・書状)
4　社会の中で成立すること＝読み書きできる能力の共有

中山、長谷川両氏とも、徐々に漢字の形を崩していったのではなく、一気に崩した字形を獲得したと考える。

社会性を強調する点も、似た考え方である。ただし、長谷川は和歌だけでない資料にまで言及する点で、平仮名が和歌の世界において芸術性に向かうベクトルとは、別のベクトルを考える点が異なり、ここに重要な指摘が含まれる。

長谷川は、初期仮名資料における漢字と仮名とのあり方を、

A　仮名列のみ
B　仮名列に語レベルの漢字、漢字列（漢語、和語の漢字表記）が混じる
C　仮名列に句レベルの漢字列（漢字文）が混じる
D　漢字列に語レベル（和語の仮名表記）の仮名列が混じる

の四種類に分類し、それぞれがどのような内容のものかを考察する。これは築島裕『日本語の世界　5　仮名』（一九八一、中央公論社）が、平仮名資料について、

平仮名文には、当初から二種類のものがあった。一つは、殆ど平仮名専用の文で、漢字は極く少数であるものであり、他の一つは、漢文又は変体漢文と交用されているもので、当然のことながら、漢字を多く含む。近時、この方面の研究も現れたが、前者について注目したものが多く、全体として、この両種を立てることや、漢字との交用については、あまり言及がない。（一五七頁）

といった発言をうけてのもので、漢字の「形」からの離脱には漢字と仮名とが共存するような場面でこそ、「形」の分化の必要性があったのではないか、このような場でこそ、文字としての「視認性」が発揮されるというのである。

これより先に、同じく築島の「平仮名・片仮名が、平安初期九世紀の訓点資料に見えること、万葉仮名から脱

化発展したものであること、それは九世紀初頭から起り、九世紀末ごろには、かなりの程度まで進展していた」（一〇八頁）といった発言をうけて、「かな」へのパラダイムシフトとして、「かな」の成立に漢文訓読のような場を想定しているのだが、やはり、漢字と仮名との共存の場であり、そこでは表語的な漢字本文に対して仮名・かなはもっぱら日本語の語形表示に用いられる。これを進展させた形で初期の仮名資料を考えるならば、和歌以外の資料に、そしてそれは漢字を含む資料なのだが、それらにも目を向けなければならないというのは、ある意味当然の帰結である。あらためて考えるべき課題であろう。

しかしそれだけでなく、和歌に特徴的にみられる「変字法」が「有年申文」などの文書類にも認められることを指摘する。これは仮名使用のレベルが歌を書く場合と文書を記す場合とで共通性を持つということである。途中にみられた「歌を詠み、漢籍の訓読も行うグループが「かな」を一気に成立させた」という発言は、さらに漢文訓読に発したいわゆる変体漢文の日用文書をものする世界にも注目すべきことを物語る。

「かな」の成立には漢字の「形」からの離脱が必須であった。問題は「どのような場面でそれが求められたか」ということと「なぜ「形」からの離脱が必要だったか」ということが問われなければならない。さらに「どのようにして「形」からの離脱が達成されたのか」という過程が問題となろう。過程については、両者の議論で、ある程度、そのメカニズムは明らかになってきたと思われる。契機としての草書体、字形としての簡略化・円転化、書く速度のための連綿などによって、大体のことは意見が一致するであろう。最初の「どのような場面で」という面では、中山の歌と消息、長谷川の仮名だけの場か漢字を含む場かという、おそらく注釈付きで同じことになるかと思われるが、二つの場面が考えられる。考えられることは、木簡の歌の仮名書きのように、それが仮名であるとわかれば、簡単に速く書きたいという欲求をのぞけば、字形を変化させる要請はそれほど強くない。漢字と仮名がまじる場面でこそ、漢字字体との差異化を要請する必要が生じよう。一方で高野切に代表されるような連綿や変字法を駆使するような書法が発達するには、そこに漢字の「形」からの要請があったことも事実として認めねばならないだろう。そこで注意されたのは、遠藤の発言、万葉仮名が清濁を書き分けるのに対して、平仮名はなぜ濁音専用仮名を持たなかったのかという課題である。これについては、第三部の遠藤論文に濁音に対する意識の差が示されているが、長谷川が引用する記紀万葉の仮名に対して、木簡の歌表記に用いられた仮名が上代特殊仮名遣いや清濁にルーズであるというような差異を考慮する必要があろう。しかしながら、歌表記の場面では「なぜ」がやはり課題として残ったという感はいなめない。ひとつだけいえるとすれば、少なくとも歌表記の場においては、記紀万葉などの仮名と平仮名成立後の歌表記の仮名とには、断絶面が大きいということである。おそらく一歩前進したとはいえ、「どのような「場面」で仮名が成立したか」という課題に対しては、問題が残った。

最後に、奥村の次のような発言をあげておく。

> 「仮名」から「かな」への変化は、日本語を表すのに漢字を意図して文字を使う意識から、日本語を記す文字を意図して使う意識への転換によってこそ可能であったことにもっと注目することが必要だろう（本書一三八頁）

「かな」が結果的に日本語を書きあらわす「表現文字」として成立する契機は、まさにそこにある。しかればこそ、仮名文学作品が登場する。平仮名が平仮名であることの意味を、平仮名の機能とともに考えることが求められている。それは「表記文字」としての片仮名の成立（あるいは「仮名」からの分化）ともかかわる。

コラムⅢ　新発見の資料

平安京右京三条一坊六町跡（藤原良相邸跡）出土仮名墨書土器

百花亭という美しい異名をもつ藤原良相の西三条第跡地から、八五〇～八七〇年代前後頃と推定される「三条院鈎（釣）殿高坏」と墨書された土器など、八四点の墨書土器が出土している。このうち約二〇点は仮名墨書土器で、とりわけ「墨一四」は、同じ頃の「讃岐国司解端書（有年申文）」に比べ、くずされた仮名がまとまった文字数で記されており、中古の仮名の成立過程の解明に関わる土器として注目されている。「墨一四」は、京都市埋蔵文化財研究所の報告書で解読案が示されたが、その後右半分は南條佳代氏により和歌の一節をふまえるという案が示され、中山陽介氏がさらに解読を進めている。中山陽介氏による解読案は次の通りである。

（解読例）

いくよしもあらしわか（み）　以久与之毛安良之和加（　）
をあちきなくひとに　乎安知幾奈久比止尓
ゝくしとお（も）はれ　ゝ久之止於（　）波礼
そす（る）うら　曽須（　　）宇良
み　美

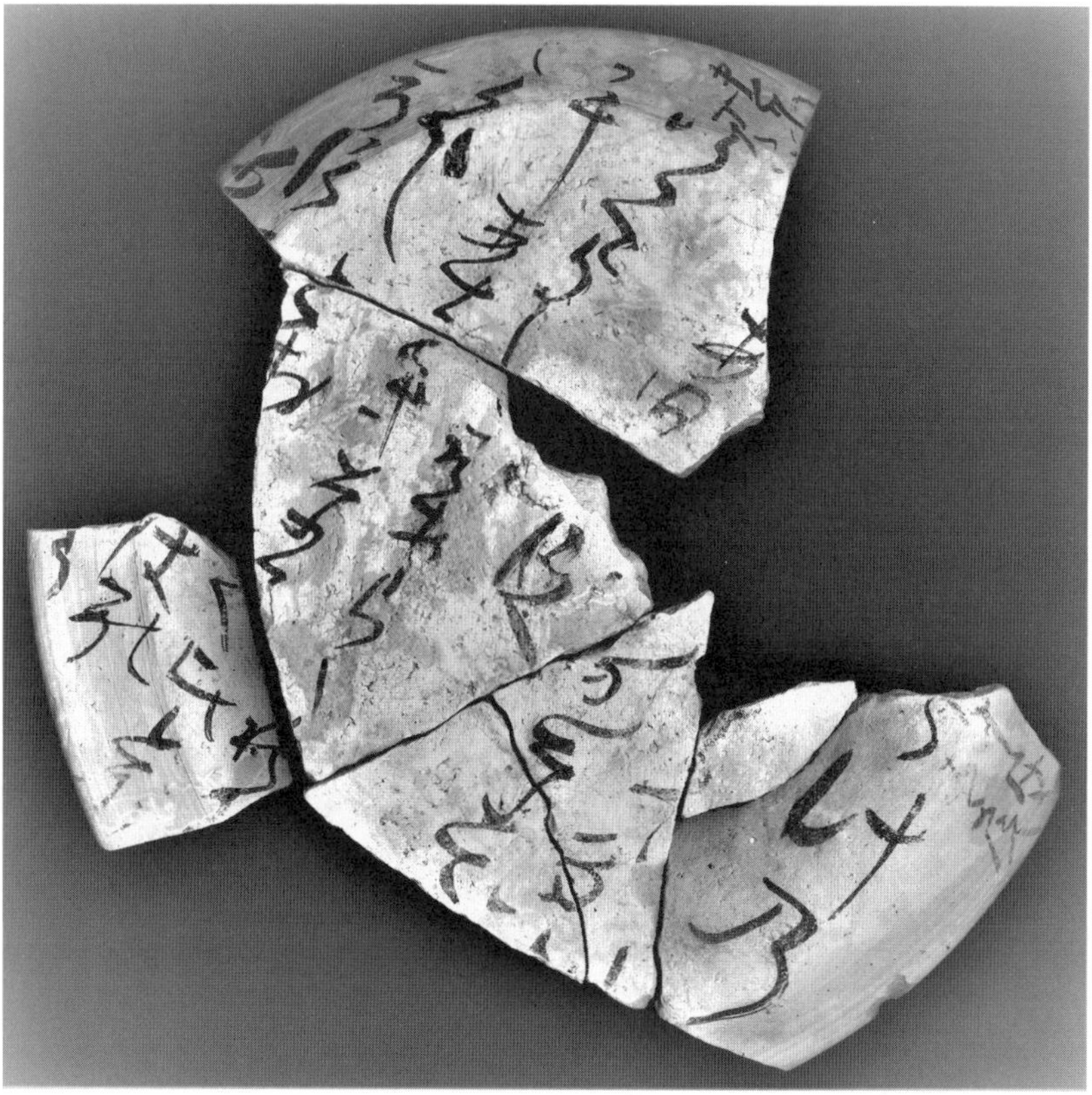

平安京右京三条一坊六町跡（藤原良相邸跡）出土仮名墨書土器（墨 14）
外面底部に文字が書かれている。
（写真は赤外線撮影されたものを補整。京都市埋蔵文化財研究所提供）

仮名字体のかたちは、少し後の「東寺檜扇墨書」のかたちに類する。

他に土器の断片に「かつらきへ」と記された「墨一五」、檜扇に万葉仮名で「奈尓皮□（都カ）」と難波津歌が記されたと思われる檜扇などが出土している。「かつらきへ」は催馬楽の一節であると推定されている。檜扇は九世紀前半のものという。

藤原良相は、太政大臣藤原良房の弟で右大臣であったが、応天門の変により政治の世界を退き、貞観九年に没した。貞観八（八六七）年には、西三条第に清和天皇が行幸し、観桜と詩宴が盛大に催されたという。良相は仏教にも深く帰依していた。文化を牽引する家の跡地で、中古の仮名が成立して間もない頃の仮名墨書土器が出土したことは大いに注目される。

参考文献

『平安京右京三条一坊六・七町跡―西三条第（百花亭）跡―』京都市埋蔵文化財研究所発掘調査報告二〇一一―九、二〇一三年
南條佳代「藤原良相邸跡出土墨書土器の仮名表記に関する考察」『佛教大学総合研究所紀要』21、二〇一四年
南條佳代「藤原良相邸跡出土墨書土器の仮名表記に関する考察Ⅱ」『京都語文』24、二〇一六年）
中山陽介「仮名成立史上の西三条第跡出土土器墨書仮名の位置付け」『國學院雜誌』117―7、二〇一六年

山梨県甲州市ケカチ遺跡出土和歌刻書土器

八世紀から十世紀にかけて甲斐国で生産され周辺諸国に流通した、甲斐型土器と呼ばれる土器に和歌一首が刻書される。土器への刻書は、窯場で土器を焼く前に棒状のヘラを用いて行われたものである。

窯場は甲斐国府の管轄下にあったと推定されている。甲斐型土器は、考古学的研究の蓄積により、技法と形態の特徴に基づき土器の制作年代が細かく分類整理されており、この土器は平野修氏によって十世紀中葉の制作であると見られている。

和礼尓与利　於毛
比久留良无（久丶良无）之計以
止能　安波数也見
奈波　不久留
波可利所

（解読案）
われにより　おも
ひくるらむ（くゝらむ）しけい
との　あはすやみ
なは　ふくる
はかりそ
我により思ひくるらむしけ糸のあはずやみなばふくるばかりそ

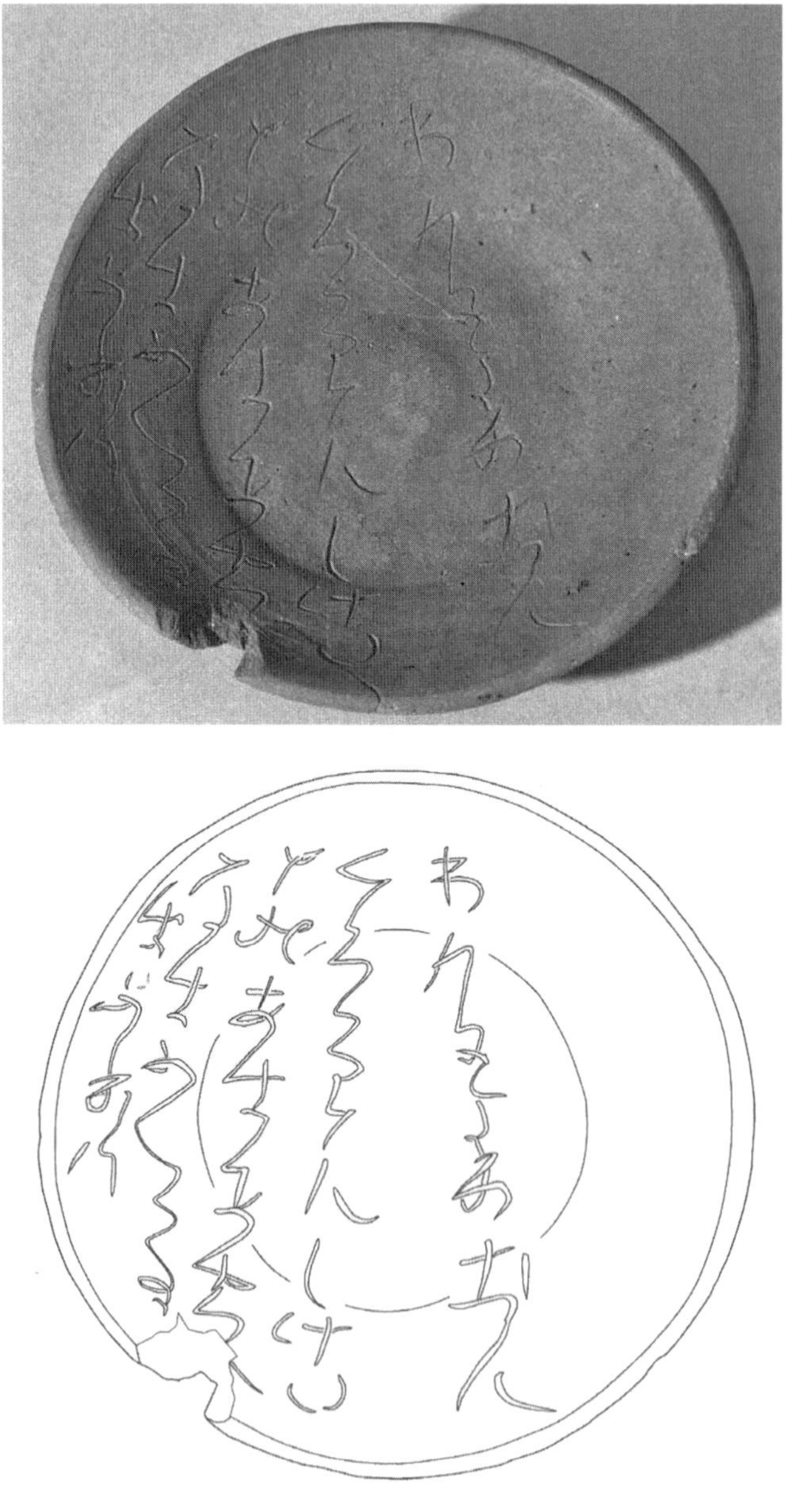

ケカチ遺跡出土和歌刻書土器とその実測図（甲州市教育委員会文化財課提供）

二句目は「おもひく〻らむ」の案も出されている。和歌には甲斐国の産物である「しけ糸」が詠まれ、恋歌に見立てて有力者との別れを惜しむ歌意のようで、甲斐国守の餞別の宴席において、記念品として配られたものと推定されている。仮名字形は、同時期の「土佐日記」（藤原定家臨模部分）や「醍醐寺五重塔天井板落書」に似るが、なぞり書き、書記器具がヘラであるための運筆の断絶など刻書ゆえの特殊性が認められる。使用字母は十世紀の特徴を有する。

十世紀は、「かな」の歴史において、上代の真仮名（通称、万葉仮名）から中古の「かな」（通称、平仮名）が成立して間もない時期で、「かな」が文字として成長・展開していく時期にあたり、地方での書写活動の様相が推定される貴重な資料であるといえる。

（長谷川千秋）

参考文献

『古代史しんぽじうむ「和歌刻書土器の発見」ケカチ遺跡と於曽郷　概要版』甲州市文化財調査報告書25、二〇一七年
『后畑西・ケカチ遺跡―市道下塩後22号建設に伴う発掘調査報告書―』甲州市文化財調査報告書26、二〇一七年

第三部　万葉仮名と平仮名

漢字の表意性から見た「かな」の成立

澤崎　文

一　漢字、かな、万葉仮名の位置づけ

日本語の文字研究のために、山田俊雄（一九五五）が示した「素材としての文字」と「用法における文字」という文字の二面性は、いまや古代の文字・表記を論ずる上で前提となる考え方と言えるであろう。漢字を例にとると、「素材としての文字」とは形・音・義を備えた表語文字としての体系をもつ漢字そのものを言う。(注1)「用法における文字」とは、その表語文字である漢字を実際の運用面でどのように用いているかという、個別場面における文字のあり方を言う。例えば、「我」という漢字を「我《われ》者《は》将御在《いまさむ》」（万⑥九七三）(注2)という文脈で用いたときは、その「我」は訓字として表語的に用いられており、「美《み》勢《せ》牟《む》我《が》多《た》米《め》尓《に》」（＝見せむが為に　万⑲四二二一）という文脈で用いたときは、「我」は万葉仮名として表音的に用いられている。これが「用法における文字」である。「素材としての文字」は山田によって「潜在的に言語と対応しうる種々の可能性」とも言い換えられており、右の例について言えば「われ」にも「が」にも対応する可能性を持つ漢字「我」の存在を意味する。対する「用法にお

ける文字」は「具体的な言語と対応する価値」と言い換えられており、「我」字を用いたときに表語的に「われ」にも、表音的に「が」にも対応するその個々の場面における価値のことを指しているということになる。[注3]

さて、そのように文字の二面性を区別して捉えるならば、漢字と現代で一般的に言う日本語の仮名とは、文字の種類からして異なっており、「素材としての文字」が異なると見ることができる。言うまでもなく漢字は表語文字としての体系をもち、仮名は表音文字（とりわけ音節文字）としての体系をもっている。両者の違いは、漢字には音だけでなく文字そのものに意味が備わっているのに対し、仮名は音は備えていても文字そのものが意味を備えているわけではないという点である。

【文字の種類】

・漢字　─表語文字　＝音＋意味

・仮名　─音節文字　＝音　（×意味）

右のような「素材としての文字」が意味を備えず、完全な音節文字として用いられる仮名文字としては、平仮名や片仮名が存在する。以後、本稿では平仮名と片仮名を総称して「かな」と呼ぶことにする。ではいわゆる万葉仮名はと言うと、どのような場面で使われるものであれ、形が漢字である以上、「素材としての文字」は漢字である。この表語文字である漢字の、音を用いて意味を用いないという表音的用法が万葉仮名であり、「万葉仮名」は「用法における文字」としてのあり方を指すものだということになる。

・漢字　─表語文字　＝音＋意味　→音も意味も用いる用法…訓字

↓

この音を特に用いて意味を用いない用法…**万葉仮名**

万葉仮名は確かに表音的に用いられているが、その素材としての文字である漢字は表意性を備えており、訓字とも対応しうる可能性をもっていることは否定できない。この意味で万葉仮名は表語文字の一用法だということになる。つまり、素材としての漢字（表語文字）の表意的用法における文字が訓字であり、素材としての漢字（表語文字）の表音的用法における文字が万葉仮名であり、素材としての仮名（音節文字）の表音的用法における文字が「かな」であると言い換えることができる。(注4)

【素材】　【用法】　　　　　【例】
・漢字　↓　表意的用法　：　訓字　　：「天下《あめのした》」
・漢字　↓　表音的用法　：　万葉仮名　：「阿米乃之多」
・仮名　↓　表音的用法　：　かな　　：「あめのした」

万葉仮名と「かな」とをとりまくこのような事情から、両者の連続面、不連続面を考えた場合、万葉仮名が日本語の音節のみをあらわす記号となりきっているかどうか、つまり表意性を払拭しているかどうかが、漢字ではなく完全な音節文字としての仮名の資格を得ているかどうかの判断基準となるはずである。

しかしそうは言っても、そもそも訓字の「我」と万葉仮名の「我」は、別の文字ではなく、同じ文字の別の用法となる。完全な音節文字としての仮名の成立は、厳密には漢字字形の崩しや省略があって初めて言えるものとなる。ただし、万葉仮名と呼ばれるものの中にも、日本語の音節のみをあらわす記号としての性格が強いものと、その性格が弱いものという幅があるように思われる。これは言い換えれば表意性が弱いものと強いものの幅ということになる。まずはこの幅がどのように存在しているかを考えてみたい。

二　『萬葉集』訓字主体表記の仮名の表意性

私たちが古代の文字とそのあり方を研究するとき、すでに何らかの文脈の中で用いられている文字を観察することになるため、直接的な観察対象は必ず「用法における文字」だということになる。しかし、文字を書く行為とよむ行為は、目の前にある文脈の中での「用法における文字」を扱っていながらも、実際には同時に「素材としての文字」をも扱っている。書き手が語や文を文字列として書いていく行為と、読み手がそこにある文字列をよむ行為について、佐野宏（二〇一五）は次のように述べている。

読み手が、表記中の個々の文字・文字列を「訓読」する場合、それが表し得る範列系から妥当な訓（よみ）を選択している。このことは、書き手が、書こうとする言葉に対応し得る文字の範列系から文字を選択することと並行していると考えられる。（一六六頁）

佐野の言う「それ（＝文字）が表し得る範列系」「書こうとする言葉に対応し得る文字の範列系」とは、まさに「素材としての文字」を想定してのことであり、山田の言う「潜在的に言語と対応しうる種々の可能性」が問題とされていると言えるであろう。また、これに関連して尾山慎（二〇一二）は次のように述べる。

書こうとする語（音節といってもいい）に見合う字を選ぶ際に、書き手の脳裏には、候補となる字母が、訓であろうが音であろうが範列をなしているわけだが、選ばれるのは常に一つである。そして、絞り込みを経て、決定に到る。その時にたとえば音仮名で書くということは決心していて、音仮名の候補字にとりあえず絞り込んだものの、その中でも訓字で比較的よく使われる字母は止めておこうという意識が働いてそれらを除外した、と仮定してみよう。この判断根拠は、自身の経験則上に仮想的に存在する「読み手」に一瞬成り代わったことによるものだといえる。〈中略〉対して、読み手のほうは、個々の漢字をみれば、それに対応する読みの範列が脳裏に浮かぶ。しかし、こちらもまた最終的に一つに決定するための絞り込み条件が必要である。そのためには、その文字だけを睨んでいてもおそらく答えを絞りきることはできない。きっとその前後、あるいは全体に目を配るはずだ。（一三一～一三二頁）

筆者は以前、澤崎文（二〇一七）（以下「前稿」）において、『萬葉集』の訓字主体表記における文字選択の背景には、その文字が潜在的にもつ用法やよみの種類に加え、同じよみをするもので他にどのような文字が候補として考え得るか、またその文字には他にどのような用法やよみがあるかといった、あらゆる文字の事情が体系的に存在することを論じた。これは佐野や尾山の考える右のような文字を書く行為のあり方を、具体的用例に則して実証する作業であったように思う。

前稿と重複するところがあるが、本稿の趣旨と大きく関係するため、簡潔に内容を説明する。前稿は『萬葉集』訓字主体表記(注5)について、漢字の表意的用法である訓字と、表音的用法である万葉仮名が交え用いられている中で、個々の文字とそれぞれの用法がどのように実現しているかを、「思」「我」の二字を中心として検証するものであった。

漢字「思」は訓「おもふ」を表す訓字用法として使われるが、同じ語を表す訓字として「念」も存在する。また、漢字「我」は訓「われ」を表す訓字用法で使われ、同じ語を表す訓字として「吾」も存在する。このように同訓異字を他にもつ「思」「我」二字は、それぞれ「シ」「ガ」を表す音仮名用法としても多数用例がある。しかし、「思」には同じ音節「シ」をあらわす音仮名として「之」「斯」「志」など他にも多くの字母が存在するのに対し、「我」には音節「ガ」を表す音仮名字母が「賀」など使用頻度のごく低いものしか存在しない（音仮名シ：

「思」一六〇例、「之」六四九例／音仮名ガ:「我」一一六例、「賀」一一例）。これら訓字用法（「おもふ」「われ」）と、音仮名用法（「シ」「ガ」）の両方に文字が使用される場合、それぞれの文字が使用される環境と使用文字との関係を調査した。

文字が使用される環境とは、ある文字が用いられる位置の周辺、例えば歌一首といった文字列のまとまりの中で、ほかにどのような文字があるかを言うものであるが、特に直接的にはその文字の前後がどのような用法の文字に接して用いられるかということになる。その結果、文字の用法と環境の関係は次の表の通りになった。

【表】 訓字と音仮名の環境別使用傾向まとめ

用法		訓字	音仮名	訓字	音仮名
よみ		おもふ	シ	われ	ガ
環境	訓字や訓仮名に接する	思・念	之など	我・吾	我
	音仮名に接する	思・念	思・之など	吾	我

＊訓字のよみについて、「おもふ」「われ」は、「おもふ」「もふ」や「われ」「わ」「あれ」「あ」などを代表させて掲示している。

漢字「思」は、訓字や訓仮名に接する環境では音仮名用法として使われにくく、漢字「我」は、音仮名に接する環境では訓字用法として使われにくい。具体例に則して述べるならば、漢字「思」は訓字用法「おもふ」としては環境を問わず用いられ、音仮名用法「シ」としても「波思吉香聞《はしきかも》」（＝愛しきかも　万②一一三）のように音仮名に挟まれる環境では使われやすいが、「嘆思益《なげきしまさる》」（＝嘆きし増さる　万⑥一〇四九）のように訓字に挟まれる環境では使われにくく、そのような環境ではむしろ「下夜之繼者《したよしこひば》」（＝下よし恋ひば　万⑩一九〇一）のように「之」などが音仮名用法「シ」として多く用いられる。一方で漢字「我」は音仮名用法「ガ」としては環境を問わず用いられ、訓字用法「われ」としても「為妹我玉求《いもがためわれたまもとむ》」（＝妹がためわれ玉求む　万⑨一六六七）のように訓字に挟まれる環境では使われやすいが、「波之伎我勢故《はしきわがせこ》」（＝愛しきわが背子　作例）のように音仮名に挟まれる環境では使われにくく、そのような環境ではむしろ「今夜左倍吾乎《こよひさへわれを》」（＝今宵さへわれを　万④七八一）のように「吾」が訓字用法「われ」として多く用いられるということである。

別の見方をすれば、漢字「思」は訓字としての用法が環境に制限されず自由に行われ、漢字「我」は音仮名としての用法が環境に制限されず自由に行われる。反対に漢字「思」は音仮名としての用法が環境に制限され、漢字「我」は訓字としての用法が環境に制限されるということである。このことは、音仮名「ガ」として「我」以外に有力な文字がなく、音仮名用法「我《が》」の使用箇所を制限できないことや、音仮名「シ」として「思」以外に有力な文字が多くあり（之、志、斯など）、音仮名用法「思《し》」の使用箇所を制限しても他の字で代替可能であるという事情が関係していると思われる。これによって、音仮名用法「我《が》」としてよまれそうな音仮名に接した環境には、訓字として「我」を使わず「吾」を用い、訓字用法「思《おもふ》」としてよまれそうな訓字や訓仮名に接した環境には、音仮名として「思」を使わず「之」などを用いていることが分かる。

このように、『萬葉集』の訓字主体表記における文字選択の背景には、あらゆる文字の事情が体系的に存在することを検証したのが前稿の内容である。文字列を書く個々の場面において、「用法における文字」としてのその文字を選択する際に、「素材としての文字」である漢字の体系が「潜在的に言語と対応しうる種々の可能性」を持ちながら浮かびあがってくる。これが書く行為の内実としてあった。

そしてこのようにして書く行為が実現している場合、そこに用いられる音仮名は、結果的に日本語の音節をあらわす機能を有してはいても、用いられる前提としてその文字の訓字としての訓や意味が意識されており、音節のみをあらわすための単なる記号としては考えられていないことになる。「用法における文字」としては表音的に用いられていても、「素材としての文字」として表意性を内在させているという意味で、そのような文字は完全な音節文字としての記号にはなり得ない。現に漢字「思」は音仮名用法「シ」として用いる場合でも、その訓字用法としての「おもふ」という訓や意味を内在させているために、訓字に接する環境には使いにくいのである。訓字主体表記における万葉仮名の表意性は、戯書や表現性を持ったものがよく注目されるが、(注6)このような文字選択のあり方の背後に存在する、その文字がもつ訓字としての可能性も、漢字がもつ表意性の一側面と言えるのではないか。そして、万葉仮名は字形が漢字であるかぎり表意性を払拭できないとは、まさにこの「(可能性として備えた)表意性」の意味においてではないかと考えられる。

三　万葉仮名の幅

さて、前節では万葉仮名が完全な音節文字となり得ないことを述べてきたが、実際には、同じ訓字主体表記の万葉仮名の中にも、音節文字としての性格に近いか遠いかという幅が見られる。前述の漢字「思」「我」の用法と環境の関係は次のように捉えられた。

漢字「思」―訓字用法が環境に制限されず自由　―訓字用法優先
漢字「我」―音仮名用法が環境に制限されず自由―音仮名用法優先

「思」が訓字用法を優先し音仮名用法を制限するのに対し、「我」が音仮名用法を優先し訓字用法を制限していることを見ると、あくまでも『萬葉集』訓字主体表記の中においてではあるが、「思」字よりも「我」字の方が、単に音節のみをあらわす音節文字としての記号の性格により近づいていると言うことができそうである。

さらに、訓字用法としては全く用いられず、もっぱら音仮名用法としてのみ用いられる漢字がある。「牟」のようなものがそれに当たるが、この字は『説文解字』に「牛鳴也」とあり牛の鳴き声の擬音語として説明されることから、漢字として元々表音的な性格があると言える。『萬葉集』中には訓字用法での用例がなく、音節「ム」を表す音仮名用法としてしか用いられない（訓字主体表記中に九八例）。このような文字は、どのような文字列においても、どのような語を書きあらわそうとする場合においても、「ム」という音節をあらわすものとしてしか想定されていないようであり、この状態は、まさに日本語の音節のみをあらわす記号としての性格を有していると言えるであろう。「思」「我」「牟」の三字を音節文字との遠近順に並べると左図のとおりである。

【文字】 遠
思
↔
我
↔
牟 近

訓字主体表記中に万葉仮名として使われた時の、
完全な音節文字への近さ
＝仮名への近さ

ただし、「牟」のような文字はすべての音節に対して用意できるわけではない。つまり音節「ム」に対する「牟」は単に恣意的に選ばれているに過ぎないのであって、文字としての記号性が体系化されないため、「素材としての文字」である音節文字を作るまでには至っていない。

また、仮名主体表記については、万葉仮名として用いられた文字が、その訓字としての用法をあまり想定されずに使われているように見える。

比《ひ》多《た》知《ち》散《さ》思《し》由《ゆ》可《か》牟《む》加《か》里《り》母《も》我《が》阿《あ》我《が》古《こ》比《ひ》乎《を》志《し》留《る》志《し》弖《て》都《つ》祁《け》弖《て》伊《い》母《も》尒《に》志《し》良《ら》世《せ》牟《む》（万⑳四三六六）

しかし、仮名主体表記中にも少数ながら訓字が見られ、その場合はやはり訓字主体表記と同じように、あらゆる文字の事情が体系的に存在することを文字選択の背景としたうえで文字が使用されるはずである。そのようなとき、ある文字の訓字としての用法について配慮する必要性は、訓字主体表記と比較しても程度差に過ぎないと言える。さらに、『萬葉集』仮名主体表記においては訓仮名をことさらに排除・制限していることが知られるが[注7]このことは、かえって文字の訓を意識しているという証拠にもなる。

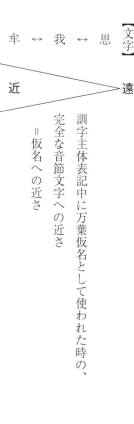

では、一字一音の万葉仮名ばかりで書かれる木簡はどうであろうか。同じ歌の表記であっても、木簡の万葉仮名は音仮名と訓仮名を区別しない。

奈《な》尓《に》波《は》ツ《づ》尓《に》作《さ》久《く》矢《や》己《こ》乃《の》波《は》奈《な》（観音寺遺跡出土木簡　七世紀後半）

□止《と》求《く》止《と》佐《さ》田《だ》目《め》手《て》和《わ》□／羅《ら》久《く》於《お》母《も》閉《へ》皮《ば》（飛鳥池遺跡出土木簡　七世紀後半）

少なくともこの二つの木簡の表記は訓字も交えておらず、音仮名の字母である漢字が可能性として備える訓字としての訓や意味に配慮しているとも思われない。単に日本語の音節を示す記号である音節文字の資格を有し、体系的な「素材としての仮名」が実現していると感じられる。

四　万葉仮名の表意性を念頭に置いた文字選択

『萬葉集』に話を戻そう。訓字主体表記においては、ある文脈・字脈上のある語をどのように書くか選択する場合、考え得るさまざまな文字とその用法や音訓を念頭に置いた上で適した文字が選ばれているとすると、この作業が具体的にいつ行われているかと言えば、何もないところから表記を生み出す、文章を書いてゆく瞬間においてと、さらに推敲の段階とを考えていいように思う。前者を文章を書く上での一次的段階（草稿）と考えると、後者はより洗練を期す二次的段階（推敲）と呼ぶことができる。実際には、書き出したものだけではなく頭の中で試行するものも含め、推敲を重ねればいくつもの段階が考え得るが、大きく右のような二段階として捉えられる。

この二次的段階までを経た結果の表記は、訓字主体表記だけでなく『古事記』においても見受けられる。例えば、川端善明（一九七五）には、訓字と万葉仮名とがその字体の両用をことさらに避けていることが指摘されている。

安万侶が「交用音訓」を本文表記の一原則としたとき、それが一つのよむ工夫であり得るためには、交用部分の、ともに漢字に他ならぬもののどれが正訓字で、どれが仮名であるかの識別が、比較的容易に成り立つものでなければならなかったであろう。

〈中略〉

より内面からの用意として、交用における真仮名字母の撰択が、正訓字としての用字との牴触に注意しているらしいことをあげ得るであろう。——もともと、『古事記』には、全般的に一つの漢字について真仮名・正訓字の両用を避ける傾向がかなりはっきりしており、㈠比較的多く真仮名に使用されている漢字には、正訓字としては全く使われなかったり、そうでなくても、量的な、あるいは用法的な限定をうけてのみ正訓字にも用いられているという例が多い。〈中略〉㈡正訓字使用度の高い字は、真仮名に採用することをひかえるという傾向もあったのではないか（一四一〜一四二頁）

このような「内面からの用意」の結果と見られる表記が無意識的に実現するとは考えにくく、やはり二次的段階である推敲を経ていると考えた方が自然である。これに加え、西宮一民（一九八八）は、訓字と音仮名の両用法に使う可能性をもつ文字について、『古事記』ではそれぞれ使用文字や字体を区別することによってその差異を示す場合がある事をも指摘している。左記の（b）の方法がそれに当たる。

正訓字と仮名とを区別せしめる方法として、音注しかなかったのであろうか。『古事記』本文について帰納的に見たところでは、（a）仮名にのみ用いる　（b）字形で区別する　の二方法がありそうである。

〈中略〉

（b）……①餘《あまる》（上27）と余《ヨ》、②菟《うさぎ》（上51）と兎《ト》（下177）、③莚《はふ》（上73）と延《エ》、④邪《きたなし》（上41）と耶《ザ》、⑤須《ひげ》（上40）と湏《ス》（九七頁）

さらに、平安時代に入って成立したと考えられる『新撰萬葉集』にも、『古事記』と同じ様子が見受けられる。『新撰萬葉集』は、『萬葉集』訓字主体表記と同じように、訓字と万葉仮名とを交えた表記方法をとっており、この集の歌表記内部において、一つの語や音節に対する訓字や万葉仮名の種類がほとんど一対一対応に絞られていることが指摘されている。(注8) また、訓仮名用法の文字「鹿《か》」に対する訓字用法の文字「麋《しか》」や、音仮名用法の文字「芝《し》」に対する訓字用法の文字「之《の》」など、万葉仮名と訓字を使用文字で区別することも指摘されている。(注9)

『古事記』や『新撰萬葉集』ほど『萬葉集』は徹底していないが、訓字と万葉仮名を交えて書く場合には、必ず様々な文字の用法や音訓を頭の中に用意して意識的に書いていく必要があったであろう。書く行為の一次的段階でまずそれは行われるが、徹底には至らず、二次的段階においてさらに推敲が施されることもあったはずである。一次・二次の段階でどの程度厳密に漢字の表意性を考慮して文字選択を行ったかは場合によったであろうが、二次的段階における推敲は洗練を期す必要のある場面において特に顕著であっただろう。一方の一次的段階における漢字の表意性への配慮は、どのような場面であれ訓字と万葉仮名を交え用いる際には多かれ少なかれ生じるものとしてあったであろう。

ただし、もし仮に、用いる万葉仮名が完全な音節文字として確立していて、日本語の音節のみをあらわす記号と見なされていたならば、そのような意識的な文字選択を伴う書く行為は必要なくなる。二次的段階のような徹底した推敲はもちろん、一次的段階におけるような初めて文字を書いていく場合でも、「素材としての文字」の可能性を考える必要がなくなるのである。しかし、前述の通り、訓字と交えて用いる万葉仮名については、「牟」のように限られたものだけしか音節のみをあらわす記号の性格は持ち得ておらず、すべての音節に対してそれが用意できるわけではない。そのため、この意識的な文字選択作業は不可避のものであったはずである。このように考えると、文字選択の二次的段階（推敲）を行うのはかなりの用意が必要で手間と感じられたであろうし、一次的段階（草稿）の際もただ思いついた文字を書いていけばいいだけではなく、その文字の背景にある用法の可能性まで考えなければいけない点でやはり煩わしさがあったであろう。

五　かなが成立する場面

万葉仮名の中にも完全な音節文字としての仮名に近いものがすでにあったと考えると、そこからさらに字形を変えて視覚の上で完全な音節文字であることが明確な「かな」が成立したのは、どのような場面であったと考えるべきか。

早くに春日政治（一九八二）（初出は一九三三）は、一字一音式の万葉仮名表記から「かな」が生じたという見通しを述べている。

真仮名の草化して行つた原因は、之を簡単に考へることは出来ないけれども、先づ歌・文の一音一字式表記になつたことが、之を誘導したことは争はれない事実であらうし、亦仮名の草化は必ずやこの一音一字式表記の歌・文に生じ来つたものであらうと想像されるのである。凡そ一音一字式表記は漢文若しくは音訓交用体に比しては著しく冗長であることが、書記の煩はしさを感ぜしめ、自ら早書き・粗書き、に走らせたものであらうと思ふ。〈中略〉而して平安朝初期に表れた草仮名について見るに、和歌はすべて一音一字の仮名書きであつて、表訓の漢字は一つも見えないし、散文でも土佐日記の定家臨模の部分は全然仮名のみであり、自家集切の和歌の端詞が亦さうであることは、草化が一音一字表記の圃に発達したのを証するものではなからうか。（七五頁）

春日がこの論文を発表した当時、現在に比べて木簡の出土は乏しく考察に堪える十分な資料とはなっていなかったが、まさに訓字を交えず一字一音で歌を書いた木簡の万葉仮名のようなものが、「かな」に直接的につながったと見ていたのであろう。さらに春日は、「かな」の発生の場を訓字用法としての漢字から離れた場面であると考え、その使用者も漢字の扱いを能くしない人間であったと考える。

この日本的草化は如何なる所に原因するかと考へるに、漢字の取扱ひには専門でない仮名の使用者が、極めて簡易な字母を選んで、書法にも関せず体裁にも拘らず、自由奔放に崩壊した所に在るのではないかと思ふ。（七八頁）

春日の論は、現代と比較して様々な資料に乏しい中で述べられたながらも単純明快であり、わかりやすい分魅力がある。しかし、「早書き・粗書き」や「自由奔放」な「崩壊」以外にも「かな」が生じる必然性は見出し得ないであろうか。「素材としての文字」である漢字と仮名との違いを見たとき、表意性の有無が考えられるわけだが、訓字を交えない一字一音の万葉仮名表記では、万葉仮名に対してその字母としての漢字がもつ訓字としての訓や意味を感じる必要がなく、そこに用いられる万葉仮名は単に日本語の音節を示す記号である音節文字の資格を有し、体系的な文字としての仮名が実現しているのである。そのような場面で、さらに漢字としての字形を崩すことで、その表意性の払拭、ひいてはその素材としての漢字が背景に可能性として秘めてしまう訓字の存在からの解放が必要とされたであろうか。むしろ、「素材としての文字」である漢字が様々な用法に対応しうる、その可能性への意識を必要とする場面にこそ、万葉仮名が字形を崩して「かな」となり、素材としての漢字から抜け出す動機があったのではないだろうか。万葉仮名が「かな」となってしまえば、「素材としての文字」に表意性がなくなり、あらゆる用法として言葉に対応する可能性への考慮は必要なくなるのである。この意味を重く捉えたい。

乾善彦（二〇一七）は「かな」成立の契機として次のように述べている。

木簡などにもちいられる日用の「仮名」の世界では、たとえ漢字の一用法にすぎないにしても、つまり意味を内在するものであっても、そこに意味への指向はうすい。そのかぎりにおいて、すぐれて表音文字的なのであり、そこに、「かな」への「漢字ばなれ」を指向する契機は見出しがたい。表語用法との対比がないかぎり、そのままで、表音文字としての機能は、十全に発揮しうるとともに、そこに意味への指向はほぼないといってよい。〈中略〉「かな」への内的要因は、漢字そのもののもつ表語性にあるといわざるをえない。そしてそれを指向するのは、漢字の表語用法と対比されるような場面でなくてはならない。つまり、仮名だけで日本語を書くような場面では、「かな」への指向は弱いのである。（一〇七～一〇九頁）

「かな」の成立に対する本稿の考えもまさにその通りで、乾の言う「「漢字ばなれ」を指向する契機」こそ、本稿で言う「素材としての漢字」が可能性として備える表意性を配慮しなければならない状況への忌避であった。全体が一字一音の万葉仮名で書かれた木簡の歌表記は、完全な音節文字としての仮名の資格を得ていると言えそうだが、それは一字一音の万葉仮名で歌を書くという前提に保証されているものである。そのような場面では、すでに素材としての仮名の資格を得ている万葉仮名が、見た目の上で「かな」であることを示す必要はもはや生じないのではないだろうか。それは、万葉仮名の形のままですでに音節文字としての機能が確立できているからである。むしろ、一字一音の万葉仮名表記が保証されず、訓字も存在するような環境こそが、万葉仮名の（可能性として備えた）表意性の払拭、ひいては音節文字としての確立を望まれる場だったのではないだろうか。万葉仮名が万葉仮名のままではそれを実現できないことから、文字の形を変えて、「かな」となることの要求はここにこそあったのではないかと考えられる。春日（一九八二）は、「かな」の発生の場を訓字用法としての漢字から離れた場面であると考え、その使用者も漢字を能くしない人間であったと考えた。しかし万葉仮名と「かな」との不連続面として表意性の有無を重く見た場合、むしろ「かな」は、訓字用法としての漢字を交える場面において、漢字が訓字用法としても表音節用法としても用いられるということをある程度理解している人間によって生み出されたと考える方が自然である。

実際に、初期の平仮名とされる資料には、歌を書いたとされるものを除き、何らかの形で多少なりとも訓字を交えているものが多い。

【多賀城跡出土漆紙文書】（九世紀中頃か）

　承てなりぬ

世はすくして

【讃岐国司解端書】（有年申文　八六七年）

　改姓人夾名勘録進上これはなせ

むにか官にましたまはむ見た
まふはかりとなもおもふ抑刑
大史のたまひて定以出賜いとよ
からむ　　　　有年申

【教王護国寺千手観音像胎内檜扇墨書】（八七七年）

無量授如来にも　たて
いねも　ころに　ま□□や

【円珍病中言上書】（九世紀末か）

雲上人はみなえ参したふましくはへた
ふなり昨令寺主取消息了

このような訓字を交えて書く場面にこそ、万葉仮名を「かな」にする必然性があったと考えられる。

以上、漢字の表意性によって、万葉仮名用法として用いる漢字の（可能性として備えた）表意性が意識されつつ訓字主体表記が実現することと、その（可能性として備えた）表意性こそが「かな」の成立を要請することを述べてきた。以上の考えが正しければ、「かな」は、漢字を表語文字として解することが可能な人間の層によって、表意的用法としての漢字である訓字と表音的用法としての漢字である万葉仮名を、交え用いるような場面において生成されたと想定される。

注

1　犬飼隆（二〇〇五）は、「素材」という言葉によって個々の文字が想起されることを避けて、山田の言う「素材としての文字」を「system」と言い換えている。この処理は文字を体系として捉えることを用語上に反映させていると言える。

2　本稿では『萬葉集』の用例を、例えば巻六の九七三番歌を指す場合は（万⑥九七三）のように示す。

3　亀井孝ほか（二〇〇七）（初版は一九六三）は、漢字について山田の「素材としての文字」を「静態」、「用法における文字」を「動態」と表現する。さらに、「〈漢字から仮名へ〉の主題は、ここにいう動態文字論の領域に属すべきものである」（四〇六頁）と述べる。

4　「かな」は、厳密には平仮名や片仮名という素材としての文字の体系を指すことも可能である。その場合、「素材としての文字である「かな」の表音的用法における文字が「かな」である。」という言い方が可能になる。しかしここでは素材としての音節文字と用法としての平仮名・片仮名を区別するために、前者を仮名、後者を「かな」と書いて示すことにする。

5　前稿および本稿では、便宜上『萬葉集』の訓字主体表記巻および訓字主体表記を巻一～四、六～十三、十六の十二巻およびその表記と定義し、仮名主体表記巻および仮名主体表記を巻五、十四～十五、十七～二十の七巻およびその表記と定義する。なお、本稿における『萬葉集』の本文・訓・歌番号は、塙書房刊『萬葉集　本文篇』による。

6　吉澤義則（一九三三）などこのような用法への言及は非常に多い。川端善明（一九七五）は、字義を意識した仮名字母の装飾的な使い方を種類ごとにまとめている。（一五六～一五八頁）

7　仮名主体表記が訓仮名を排除・制限することについては、早く橋本四郎（一九五九）に指摘があり、佐野宏（二〇一五）はそれをひとつの正書法的に規範的な表記法の模索としている。
8　浅見徹（一九六四）、乾善彦（一九八三）による。
9　澤瀉久孝（一九四四）、内田順子（二〇〇五）による。

参考文献

浅見　徹（一九六四）「新撰萬葉集の用字―基礎作業として、助詞の表記について―」『萬葉』五一号
乾　善彦（一九八三）「新撰万葉集の和歌表記とその用字の一特徴―表記史の一視点から―」『文学史研究』二四号　のち『漢字による日本語書記の史的研究』（二〇〇三　塙書房）に「万葉の書き様の継承と展開―『新撰万葉集』の和歌の書き様―」の題で補訂所収
――（二〇一七）『日本語書記用文体の成立基盤』塙書房
犬飼　隆（二〇〇五）『上代文字言語の研究　増補版』笠間書院
――（二〇一一）『木簡による日本語書記史　２０１１増訂版』笠間書院
内田順子（二〇〇五）「『新撰万葉集』和歌の表記について」『新撰万葉集注釈　巻上（一）』新撰万葉集研究会編　和泉書院
澤瀉久孝（一九四四）「菅家萬葉集の和歌の用字に就いて」『菅公頌徳録』北野神社編
尾山　慎（二〇一二）「訓字主体表記と略音仮名」『萬葉集研究』三三集　塙書房
春日政治（一九八二）「仮名発達史序説」『春日政治著作集』勉誠社、『岩波講座日本文学』第二〇回　岩波書店　一九三三年初出

亀井　孝、大藤時彦、山田俊雄（二〇〇七）『日本語の歴史2』平凡社ライブラリー、『日本語の歴史2』平凡社　一九六三年

初出

川端善明（一九七五）「万葉仮名の成立と展相」『日本古代文化の探求　文字』社会思想社

佐野　宏（二〇一五）「萬葉集における表記体と用字法について」『国語国文』八四巻四号

澤崎　文（二〇一七）「『万葉集』における漢字の複用法と文字選択の背景」『萬葉語文研究』十二集　和泉書院

西宮一民（一九八八）「漢字文4　『古事記』」『漢字講座5　古代の漢字とことば』明治書院

橋本四郎（一九五九）「訓仮名をめぐつて」『萬葉』三三号　のち『橋本四郎論文集　国語学編』角川書店　一九八六年所収

山田俊雄（一九五五）「国語学における文字の研究について」『国語学』二〇号

吉澤義則（一九三三）「萬葉集に於ける文字の文学的用法に就て」『国語国文』三巻一号

仮名の成立について　―万葉仮名から「仮名」へ―

佐野　宏

はじめに

「仮名」で書かれていると判断されるとき、そこには二つの契機が働いている。一つには、それが日本語の言葉を表しているという表音節の表記であることで、今一つは、それが漢字に由来する文字による表音節であるということである。

七世紀のものと判断される通称音義木簡は、「仮名」で書かれることが早い時期に成立していたことを窺わせる。音義木簡という通称は、それらの書記形式が、唐の時代に仏典の語の音と意義を記した「音義」に似るからで、あるいはそうしたものに想を得て作られたものかも知れないが、単なるメモとも見えるから、通称は通称に留まる。たとえば、次の資料が知られている。

鑠汗ツ　□　□□　賛田須久　慕尼我布　誈阿佐ム加ム移母　□▭

鎧与里□□〔比カ〕　□　□〔偓カ〕参須羅不　采取　體ツ久羅布　□〔洛カ〕□□羅　□　□□□□

□□米　積久皮之　披開

費阿□〔多カ〕□〔比カ〕　□　□□□□□　□□□　□▯▯　検□

（北大津遺跡・滋賀県大津市皇子が丘）

・熊汗吾　罷彼下　匝ナ布　戀□〔累カ〕尓　蔦上横詠　營詠

・蜚皮伊　尸之忤懼

（飛鳥池遺跡・奈良県高市郡明日香村）

・安子之比乃木
小司　椿ツ婆木

・□□□□〔留カ〕木

（観音寺遺跡・徳島県徳島市国府町観音寺）

その中の一つ「賛　田須久」（北大津遺跡木簡）をとりあげると、上の字が表語的訓字で下の文字列が表音的仮名である。二つを繋ぐのは、上の字「賛」を日本語でタスクとよむということ、つまり訓読という行為である（この層をタスクと表示する）。その行為自体を文字に留めようとすれば仮名表記になる。図式的に示せば、［賛＝タスク＝田須久］となる。そこで文字列「田須久」は、漢字「賛」を訓読を通して日本語の文字列に置換したことになる。表記形式の変換とも言えよう。そしてその変換が漢字と日本語の間で恒常的なこととして定着していれば、それは表記様式相互の変換と言える。

文字列「田須久」には、二つの側面がある。一つはこの全体が日本語タスクという言葉を意味しているという面であり、今一つは田、須、久それぞれの文字が漢字として、それぞれの音節に対応しているという面である。一般に「仮名」というときには、後者に偏って扱われるが、この成立が訓読を介しているという点からは、前者を見逃せない。

訓読という行為は、当の漢字「賛」の質にも変化を与えている。訓読の対象であることにおいてこれはもはや中国語の文字ではない。日本語への変換を可能性においてもつことによって、これは可能的な日本語の文字、つまりは訓字である。これを今「文字」として示す。するとこの「田須久」という文字列自体は、その「文字」と日本語タスクという言葉（これを「言葉」と称する）とを仲介する要素と言える。これを「表記」と示すことにする。これらの間には、次頁の図のような関係がある。

実際に読んだか否かが問題ではなく、読解行為は可能的に書記行為を含むものであり、その逆もまた同様に成り立つとき、点と線からなる図像は、言葉に対応する表記として捉えられ、表記の構成要素において文字が分節される。文字そのものと表記を区別しない場合があるけれども、日本語のように外国語の文字を読み替えることで自国語の文字に転用する場合、読み替える行為（訓読）の介在は看過できない。中国語（漢語）の文字（漢字）の列が日本語の文字列（訓字・仮名）として捉え直されるという階層が必要になるからである。漢字からなる文字の列をテクストとして捉えて日本語の訓字か仮名かを判定する階層である。これを表記の階層と称しておく。

このように見ると、いわゆる「言葉と文字の対応」というのは間に「表記」という項を介して、「言葉と表記」「表記と文字」の対応に分解できる。

「言葉と表記」は大別して表語的な「訓字」か表音的な「仮名」かという関係にあり、「表記と文字」は表記を

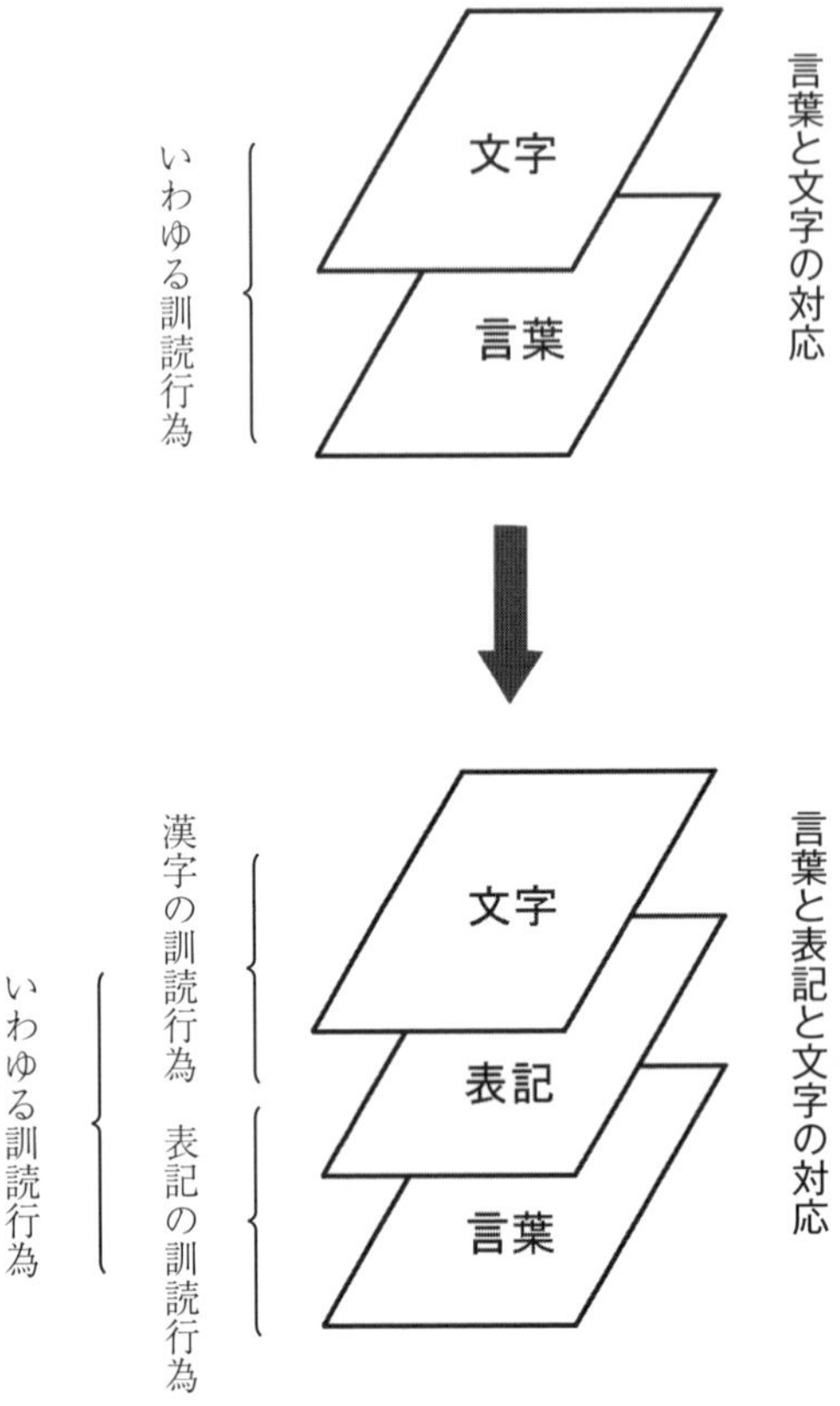

構成する要素という関係にある。訓字には、標準的な正訓から特殊な義訓までの幅があり、仮名にも字音由来の略音仮名・二合仮名を含めた借音仮名、和訓由来の借訓から義訓に依拠する借訓仮名までの幅がある。仮に「仮名」が字音由来の借音仮名でしかも全てが一つずつの子音・母音からなる単音節に限られているか、全てが和訓由来の借訓仮名のみであるならば、いずれも非常に単純なモデルになる。しかしながら、事実は借音・借訓の両様があり得てしかも単音節・多音節の「仮名」を含み混用も許容されるため、単純なモデルにならない。「田須久」の「田」が訓仮名であることは、その一例である。

凡そ、「仮名」と総称される場合には表音節的表記の構成要素の文字を指すとはいえ、「仮名」が漢字という文字に照らして一様でなく、複数の種別が存在する点で、その成立を問うことは容易ではない。漢字という外国語の文字の臨時的な用法という側面と、日本語を書き表す固有の文字という側面の間で、その成立時点は揺れる。

訓読がここにいう「仮名」を形成するのは事実だが、漢字の仮名化の端緒は訓読と同時的で、むしろ「仮名」の実体は訓読そのものであると言ってもよい。たとえば、前掲のように、音義木簡で「賛」の下に「田須久」とあって、タスクと訓読するらしいことがわかる。「賛」＝タスク＝「田須久」という関係は、上の字が表語的訓字で下の文字列が表音的仮名であることを示すだけで、どちらもタスクと読む。日本語で訓《よ》むという行為が具体的な形をとると仮名表記になる。漢字を訓読するという行為は漢字を「仮名」の文字列に置換することであり、表記様式の変換でもある。「仮名」が訓読とともに成立するというのは、単純に「音」であれ「訓」であれ、漢字を日本語で訓むということにある。[注1]

しかし、「仮名」という文字の実態は訓読行為だけで成立するわけでもない。訓読が支える仮名から表記が支える仮名へ、そして、仮名の文字としての自立へという生成過程がある。

その中のどの段階を「仮名」の成立とするかは、実のところさしたる問題ではない。「仮名」の文字への生成過程は、訓読という行為が漢字の音・訓として文字という表記に閉じ込められて、母語の文字としての「実体」を獲得する過程でもある。この意味で「仮名」の生成規範的な道程が、そのまま古代日本語の表記法史であるところが重要である。

一　言葉と表記の対応

1　語の表記における一つの用字法制限

萬葉集には「一云」「或云」の注記も含めて「コヒ」（恋）と読まれる表記は動詞と形容詞を含めて六二七例ある。その用字法を一覧すると次のようになる。（用例の下の括弧内は、萬葉集の巻数・歌番号。以下同。）

（1）訓字（五一九例）

戀　五一八例……「吾戀目八方《あれこひめやも》」（1・二一）「戀々而《こひこひて》」（4・六六一）

眷　一例……「眷浦経《こひうらぶれぬ》」（11・二五〇一）（「眷戀《けんれん》」の意）

（2）仮名（一〇八例。仮名違いの五例を除く。）

古非　五一例……「古非尓之奴倍之《こひにしぬべし》」（15・三五七八）

古飛　二例……「古飛斯宜志恵夜《こひしげしゑや》」（5・八一九）

故非　一八例……「故非和多流香母《こひわたるかも》」（15・三六〇三）

故飛　二例……「和礼故飛米夜母《われこひめやも》」（5・八五八）

故悲　一例……「故悲思氣美《こひしげみ》」（15・三六二〇）
胡非　二例……「都麻胡非尓《つまごひに》」（5・八七一）
胡悲　一例……「伊敝胡悲之伎尓《いへごひしきに》」（15・三六四一）
孤悲　二九例……「孤悲而死萬思《こひてしなまし》」（1・六七）
孤非　一例……「吾孤非念乎《あはこひおもふを》」（2・一〇二・広瀬本）
呉悲　一例……「宇良呉悲須奈理《うらごひすなり》」（17・三九七三）
古比　五例……「阿我古比乎《あがこひを》」（20・四三六六）（古比の例は全て防人歌、甲乙の仮名違い）

右のうち、用例度数が高い表記は、「古非・孤悲・故非」の三つである。「孤悲」が表意兼帯仮名表記であることを一旦おいて、単純に仮名の表記とみると、順列組み合わせ上、次のようなvariant（変容）があり得る。

古非→古悲　〇例（用例なし）
孤悲→孤非　一例
故非→故悲　一例

ところが、操作上想定される下段の用例は極めて少ない。さらに「孤非」「胡悲」「故悲」からすれば「古悲」などはありそうだが見られない。そもそも何故に「古非」が多いのかという点は、「古」と「非」が常用する仮名であるからというだけでは充分に説明されたとは言えない。全体的に見て、萬葉集の語の表記は訓字表記も仮名表記も頻用されて固定的となっている一群と臨時的な表記が散発的に見られるという傾向がある。

2　仮名表記における二次的表語性

頻用と固定性を特徴とする仮名の一群には、二次的に表語性を獲得する。

まず、井手至氏は次のように述べている。

> 変体漢文体は、本来、漢文体より発し、体言や用言語幹などの表記は、正訓漢字を用いた直接表語の表意性表記を中心とする。したがって、種々の理由から表意性の漢字表記が難しく、表音性の仮名表記を行わざるを得ない場合にも、それ相応の表記上の技法の開発を必要とした。その一つの解決法が、仮名表記にあたって、原則として、語や語基ごとに一定の仮名を用いて記すという表記法（特定表記）になったと考えられる。（中略）変体漢文表記諸巻の仮名表記語彙の表記に見られる固定的表記法卓越の傾向は、視覚的な、仮名の字面の特定化による、二次的な表語性（表意性）の獲得という効果をもたらすためのものであったということができよう。
>
> 井手　至［一九九九］「仮名表記される語彙」『遊文録　国語史篇二』和泉書院

井手氏は、常用される仮名字母が結果的に固定的に見えるのではないかという見方を排するために、「阿白木《あじろき》尓《に》」（3・二六四）、「伊去波伐加利《いゆきはばかり》」（3・三一七）、「四賀良美《しがらみ》」（11・二七二一）など、とくに訓字主体表記の巻を取り上げ、訓読環境下の表語的表記が集中する中での仮名表記が、二次的表語性を獲得する契機になり得ることを示している。これは従来の常用仮名があるという見立てに対する批判として極めて有効で、仮名表記を文字単位にばらすから各音節に頻用される仮名字母があるように見えるが、仮に頻用される語彙が二次的表語性をもって固定的になっていたなら、常用仮名という理解はむしろ仮名表記の文字列での二次的表語性の結果でしかないことになる。

次いで、尾山慎氏に、略音仮名と二合仮名について次の指摘がある。

略音仮名と二合仮名は、字母がほとんど重複しないようになっている。この、同一字母をもとにしてそれを一音節仮名と二音節仮名に両用することが避けられているということは、つまり、ある子音韻尾字由来の仮名に出会った時に、略音仮名で使われることが主、あるいは二合仮名で使われることが主という経験則に基づく知識を有効利用できることにつながる。

（佐野注　有韻尾字の韻尾を捨てて、安《あ》、吉《き》のように用いるのが略音仮名、韻尾に母音を加えて、宿《すく》祢、鬱《うつ》蝉のように二音節にして用いるのが二合仮名）

尾山　慎［二〇一三］「訓字主体表記と略音仮名」『萬葉集研究』33集

尾山氏は、二合仮名が他の略音仮名と字母の重複が少ないことを示す。これは専用字母が一方にあることを示し、字母毎に機能負担量が与えられていることを示す。つまり、文字と表記の関係にあって、語の表記体、音節の表記体とは別に、文字が表記体として固定的になる背景を示す。重要なのは訓《よ》みの選択可能性が制限されている点で、標準訓としての「正訓」の形成と同一の契機を有している。

さらに、森川千尋氏は、同一の音節を表す別の文字を用いる変字法と、同じ文字を続けて用いる同字法について次のように指摘する。

変字法についても同音節反復の場合と同じく、同字法に主用される字体（佐野注、字母もしくは字種の意）を中核とし、それに他字体を組み合わせることによって構成されていることがわかる。例えば、「カ」の音節を見ると、その主用字体は同字法での出現総数から「可」と見なし得るが、変字法中でも「可・加」や「可・香」等をはじめとして、「可」を含む割合は90％にも上る。「カ」に限らず、相当数の用例が確認された音節では、そのほとんどで主用字体の使用率が8割を超えているのである。以上より、非同音節反復の変字法においても主用字体を中心とする用字意識が看取され、このことから同音節反復と非同音節反復で、同一の構造によって変字法・同字法が成立している。(注2)

森川千尋［二〇一二］「万葉集各巻における変字法と同字法の様相」『国語文字史の研究』12

変字法という判断は、音節毎にばらしたときに同一音節は同一字母を用いるという同字法を前提にしたときに観察される。もちろん同一形態素についても言い得ることながら、観察の主眼は単音節の字母選択である。けれども、形態素単位で二次的表語性が介入している場合、変字法は語の表記体（仮名遣い）の指標になるかもしれない。ある特定の語彙を表記する場合に、字母選択が固定される、あるいはある字母について用字法が固定している傾向は、一つには「語の表記体」における用字法制限とそれに伴う表記法の成立を暗示する。これは訓字における正訓の形成と連動する問題である。さらに「音節の表記体」として言えば、それぞれの音節に対して凡そ決まった字母を用いるなどは、標準的な仮名字母の形成を意味する。

以上、1、2を通して、次のことが確認できる。語の表記が固定的に一つの様式をもつと語の表記体になる。つまり、綴り方とでもいうべきspellingの固定性は井手氏が指摘した二次的表語性と通底する。一方で、文字単位で機能負担量に偏差があり、より標準的な字母選択を志向する傾向がある。これは音節の表記が固定的に一つの様式をもつことを示し、音節の表記体を形成する。二合仮名もまたその意味では音節列の表記体である。

二　表記と文字の対応

次に表記とそれを構成する文字との関係について見ておきたい。すでに語の表記体における二次的表語性と音節の表記体における音節毎の字母の固定性があることがわかっている。そこで萬葉集中の頻用語彙を取り出して、語の表記体のあり方を一瞥してみる。

次は宮島達夫『万葉集巻別対照分類語彙表』（笠間書院）をもとに使用頻度の高い語彙（及びコトなどの形態素）の表記体を観察したものの一覧であるが、いまその全用例を掲出することは煩瑣になるので省略する。個別の事情はある程度は考えられるにしても、概ねあげる諸例と同様の傾向になり、全体は頻用する一群と散発的な一群に分かれる。（語・形態素ごとに訓字、仮名の順で、それぞれ用例数順にあげる。仮名には音仮名・訓仮名を含む。義訓や仮名違いなどの特殊なものは＊をつけてまとめた。）

キミ　君 五〇五例、公 一一七例、（王 八四例、皇 二九例）
　　　伎美 一〇八例、吉美 一九例、伎弥 四例、吉民 四例、枳美 三例、支見 三例、支美 二例、
　　　岐美 一例
　　　cf.「支美止之不在者《きみとしあらねば》」（18・四〇七四）巻十八補修部、「浦乎吉美《うらをよみ》」（6・九三八）他二例[注3]

ツキ　月 三〇一例
　　　都奇 二一例、都紀 一例、槻 二例、追奇 一例、＊鴨頭草《つきくさ》 四例

ツク　都久 九例、豆久 一例、＊三伏一向 一例（「暮三伏一向夜《ゆふづくよ》」10・一八七四）

イモ　妹 四二七例

伊毛 七三例、伊母 三三例、異母 一例、移母 一例、以母 一例

ヤマ　山 八〇七例

夜麻 九八例、也麻 四例、夜末 二例、夜万 三例、野麻 一例、八萬 一例、夜摩 一例（夜摩扶枳《やまぶき》＝山吹）、

＊開木代《やましろ》 三例

ココロ　心 一四八例、情 一三一例、意 一七例

許己呂 三八例、己許呂 二二例、許々呂 五例、己々呂 一例、其己呂 一例、＊去々里 一例（防人歌）、

霊 一例（霊合者《こころあへば》）、行 一例（己之行柄《ながこころから》）、神 一例（聡神毛《さときこころも》）

コト（言）　言 八六例、事 五八例、辞 一〇例、語 二例

許等 二二例、許登 一四例、己等 五例、己登 一例

コト（事）[注4]　事 四九例、言 一〇例

許等 二七例、許登 八例、己等 四例、訓み添え 一例（「念」11・二四四七）

ミコト（命）　命 一九例、御命 六例、御言 三例、御事 一例

美許等 一九例、美許登 九例、美己等 六例、弥許等 一例

マコト　真 七例、信 六例

麻己等 一例、麻許登 一例

コトゴト　許等其等 二例、許等期等 一例（「神《かみ》之《の》盡《ことごと》」（1・二九）のように訓字がほとんど）

セ（瀬）　瀬 九八例、湍 三〇例

世 七例、勢 二例、迫 二例（固有名詞を除き、川瀬などの複合名詞も含む）

ワガセ|コ　吾背子 五四例、吾背兒 九例、吾瀬子 三例
和我勢故 一七例、和我世古 一〇例、和我勢兒 一例、和我世兒 一例

右の中で、やや注意されるのがコトの場合である。コ乙類の「許」字と「己」字は、ココロなどよく似た分布を示す。最も頻用されるのが「許」字で、「己」字がそれに次ぐという関係である。同様のことはト乙類の「等」と「登」にも窺えることながら、どういうわけか、頻用される仮名字母に付き従う者のように、数は少ないながら多用される仮名字母がある。

三　語の表記体と音節の表記体、そして文字の表記体へ

前節で示した非常によく用いる字母「許」と次点ながら多用される字母「己」の関係について見ておきたい。

【許】字 六七七例の用字例……異なり語数 五二語（東国語の未詳語彙は含まない）(注5)

句単位で見た場合、「許々呂由母《こころゆも》」（5・七九四）のように「許々」を含む8例、「吉許延許婆《きこえこば》」（5・八九六）のように「―許…許―」を含む4例は一句中に二度用いられるが他は変字法もあり句中に二度用いられることはない。なお「己」「去」は「いもがココロ（「去々里」20・四三九〇、「己々呂」20・四三五四、共に防人歌）」の場合に句中に二度用いられる（同字法、森川［二〇一二］にも指摘あり）が「吉許延許婆」のような二度の用いられ方はない。

「許」字は、用法別に次のように分布する。

(1) 訓字

ユルス「引不許《ひきてゆるさず》」（11・二五〇五）二例
　cf.「不許者不有《いなとにはあらず》」（8・一六一二）
バカリ「如此許《かくばかり》」（2・八六）二五例
ダミ「今七日許《いまなぬかだみ》」（13・三三一八）三例
ガリ「妹許登《いもがりと》」（8・一五四六）八例
ココダ「幾許貴寸《ここだたふとき》」（2・二二〇）、イクバク「幾許香《いくばくか》」（8・一六五八）などの「幾許」三一例

(2) 仮名

キコス（聞）伎許散《きこさ》一例、伎許之《きこし》一例、企許斯《きこす》一例
キコユ（聞）伎許由 三例
コ（木）許 一五例（コツミを含む）
コ（来）許 四五例
コ（此）コノ：許能 一八例、許乃 一〇例
　　　　コレ：許礼 四例、許良 一例
　　　　コユ／コヨ：「許欲奈伎和多流《こよなきわたる》」（15・三七八三）五例
　　　　コチゴチ／ヲチコチ：許知 五例
　　　　コヨヒ（今夜）：許余比 五例、許与比 一例
コ（児）コロ（児ろ）「許呂勢多麻久良《ころせたまくら》」（14・三三六九）一例

コナラ（こ楢）「許奈良能須《こならのす》」（14・三四二四）一例（甲乙の仮名違い）

コグ（漕）許我《こが》二例、許賀《こが》一例、許藝《こぎ》二五例、許伎《こぎ》三例、許支《こぎ》一例、許枳《こぎ》一例、許具一三例、許求二例

ココ／ココダ（此）許己一二例、己許四例、許々二例

ココロ（心）許己呂三八例、己許呂二二例、許々呂五例

コゴシ（凝）「許其志可毛《こごしかも》」（17・四〇〇三）二例、「許凝敷道之《こごしきみちの》」（13・三三二九）一例

コシ（腰）許志二例、許之一例、許思一例

コシキ（甑）許之伎一例

コス（助動詞）許須五例、許世《こせ》二例、許瀬《こせ》一例、許西《こせ》一例

コズ（掘）許自《こじ》一例

コソ（助詞）許曽七五例、許増九例、＊許背一例

コゾ（去年）許序一例

コト（言）許等二二例、許登一四例

コト（事）許等二七例、許登八例

ミコト（命）美許等一九例、美許登九例

マコト（真）麻許登一例

コトゴト（盡）許等其等二例、許等期等一例

コトワリ（理）許等和利二例

コフ（請）許比《こひ》五例、許布一例
コホル（凍）許保里《こほり》一例
コム（籠）許米《こめ》一例
コモ（薦）許毛四例、許母一例
コモル（隠）許母里《こもり》二例、許母理《こもり》二例、許母利《こもり》一例、許毛里《こもり》一例、許母礼《こもれ》二例
コユ（臥）許夜《こや》一例、許伊《こい》二例
コル（伐）許流一例
コロ（頃）許呂一一例
コロモ（衣）許呂母九例、許呂毛五例、許呂裳一例
ネモコロ（惻隠）「祢毛許呂尓《ねもころに》」（17・四〇一一）三例
コヱ（声）許恵一三例
シコ（醜）志許三例、之許二例
ソコ（彼処）曽許一三例、所許一例、則許一例
ソコ／ソコヒ（底）曽許一例、曽許比一例
トコ（床）等許五例、登許二例、騰許一例、杼許一例
トコ（常）等許四例、登許二例
ノコス／ノコル（残）能許之《のこし》一例、能許利《のこり》一例
ホコ（桙）保許五例

ホコリ（誇）　保許里 一例

ホビコル（蔓延）　「久毛保妣許里弖《くもほびこりて》」（18・四一二三）一例

ヨコ（横）　与許 一例、余許 一例

（3）地名

コガ　許我 一例

コセ　許湍（巨瀬）一例

コソ　許曾 一例

コヌミ　許奴美 一例

ノコ　能許 一例

【己】二四七字の用字例……異なり語数 三九語

次に、「己」字について同様にあげる。

（1）訓字

ア・ワ（吾）　己 三例

オノ／オノレ　己 一七例（「己父尓《ながちちに》」（9・一七五五）など、ナガと訓むもの二例を含む）

サナカヅラ　「木妨己《さなかづら》」（注6）（13・三二八八）一例

（2）仮名

オコス（遣）　於己勢《おこせ》 一例

キコス（聞）　伎己之《きこし》 二例
キコユ（聞）　伎己要《きこえ》 一例
コ（木）　己 二例
コ（来）　己 七例
コ（此）　ココ：許己 六例、己許 三例
　　コノ：己能 七例、己乃 三例
　　コチゴチ／ヲチコチ：己知 三例
　　コレ：己礼 一例
　　コヨヒ：己与比 一例
　　ココダ／ココバ：許己太 二例、己許太 一例、許己婆 四例（許己波 二例含む）
　　コキダ：己伎太 三例
コグ（漕）　己藝《こげ》 一一例、己伎《こぎ》 一例、己枳《こぎ》(注7) 一例、己岐《こぎ》 一例、己具《こぐ》五例
ココロ（心）　許己呂 三八例、己許呂 二二例、己々呂 一例、其己呂 一例
コゴシ（峻）　己凝敷 一例
コシ（腰）　己志 一例
コス（助動詞）　己世《こせ》 一例
コソ（助詞）　己曽 一一例、己所 一例
ササゴテ（捧げて）　佐々己弖 一例

コト（言）　己等五例、己登一例
コト（事）　己等四例
　マコト（真）　麻己等一例
　ミコト（命）　美己等六例
コトワリ（理）　己等和利一例
コフ（請）　己比一例
コモル　己母理《こもり》三例、己母利《こもり》一例
コユ（臥）　己伊《こい》一例
コル（叱・懲）　己良例《こられ》一例
コロ（頃）　己呂二例
コロモ（衣）　己呂母四例、己呂毛四例、己呂武一例
トコロ（所）　等己呂一例
ネモコロ（惻隠）「根母己呂尓《ねもころに》」（11・二四八六）三例（「祢毛己呂《ねもころ》」を含む）
ホコロフ（誇）　富己呂倍《ほころへ》一例
モコロ　毛己呂一例、母己呂一例　（cf. モコロヲ「如己男尓《もころをに》」（9・一八〇九）一例）
コヱ（声）　己恵四例
ソコ（彼）　曽己五例、所己一例
ソコ（底）　曽己一例

トコ（常）等己二例、登己一例
トドコホル（滞）等騰己保里《とどこほり》二例
ホコ（桙）保己三例
ノコス／ノコル（残）能己佐《のこさ》一例、能己理《のこり》一例
ヨコ（横）与己一例

萬葉集各巻の「許」「己」の仮名使用度数分布表を示すと、次のようになる。

巻	許	己
1	8	2
2	6	9
3	6	4
4	7	2
5	57	12
6	4	1
7	10	3
8	17	2
9	4	6
10	6	0
11	4	3
12	6	0
13	3	4
14	100	35
15	78	19
16	7	2
17	105	30
18	80	21
19	31	14
20	67	52
訓字・地名訓を除いた仮名使用例	606例	221例

右の使用度数分布からは、個々の出現頻度傾向は巻毎の性格に拠るとはいえ、どちらか一方が特定の巻に偏って分布するという大きな偏差があるわけではない。

総度数からみて、「許」字が「己」字の約3倍多用されている。その中で、巻二～四、九、十一、十三など比較的に「万葉和歌史」のいわゆる前期の歌が多い巻では「己」字の使用頻度が高い。このことは大野透氏のように、「己」を古層の仮名として見ることも結果としては言いうる。また巻二十での両者の近接は、多分に防人歌の影響も看過できず、あるいは歌の性格による用字上の使い分けがあるのかもしれない。他より相対的に、防人

歌及び東歌の国別では「己」が多い傾向がある。もとより単純に家持の傾向と見る見方も排除はできず、書記者の特徴に還元することもできよう。しかしながら、ここで注意したいのは、「許」字が頻用される環境に、殆ど包摂される「己」字の使用状況である。

右に一覧したように仮名表記で「許」字と「己」字が使用される語彙は概ね重なっている。ところが、そのほとんどの場合に、「許」字を使用する頻度が高い。これはコ乙類に充てられる仮名字母からすれば、「許」字は「己」字よりも、汎用性が高いと見なし得る。一方、形態素に対する表記の固定性という観点からすれば、「己」字よりも「許」字のほうが形態素の表記中に用いられる字母としては固定性が高い。逆に、「己」は形態素での固定性が低い。つまり、「許」字は形態素の綴り方にあっては固定的で「己」字はその縛りが緩い。

右の分析は、語単位の表記の類型と、音節単位の表記の類型を比較した場合、存外に語単位の表記の類型が固定的であることを示すことを主目的とした。ただし、個別具体的に語の表記体を見れば必ずしも固定的だとは言い切れないものがある。これを音節単位に分解すると、確かに頻用・常用の漢字（仮名字母）は存在しているように見える。一般に、頻用・常用の仮名があったから、語単位においても広くそれが用いられるのだという結論に至る。一見するとさもその通りなのであるが、しかし、前提的に常用の仮名字母があったのだということには疑問が残る。その常用の仮名字母はいかにして選択されたのかということへの問いが欠落しているからである。乾善彦氏らが指摘するように、常用の仮名字母には借音仮名が広く分布しており、仮名の基盤を支える体系性が窺える。ところが、複数の文献や語彙に汎用的に用いられる仮名字母の体系性というのは、いわば平安時代の音義類に付された五十音図の字母群と同じで、仮名を音節単位にばらしたときに、日本語の書記に必要な音節を表し得る仮名字母があるという意味での体系性である。結果論的にという言い方は相応しくないにしても、static（静態的）な体系性を想定するならば、仮名の基盤はあったと仮定することはできる。けれども、それは日本語の言葉を表すという次元から見たときに必ずしも事実と整合的ではないように思われる。内田賢德氏が指摘したように、固有名詞という対象指標機能に特化する環境において、自分たちの言葉が対象化され、その対象指標という言語の恣意性それ自体において漢語の文字から切り離された自分たちの文字として「仮名」が発生したとするとき、この「仮名」は自分たちの言葉という確かな器に包摂された構成要素である。言うまでもなく、ここには、自分たちの言葉が、分節された音節から組織されているという構造が、漢字という音節文字を媒介に現れている。私がとくに注意したいのは、「ことばと文字の対応関係」という乾氏の表記体概念と、仮名字母という表記体概念の関係である。仮名が発生するためには、（1）語単位の表記体形成と（2）音節単位の表記体形成という、二つの次元が必要であって、原理的に（1）から（2）が析出されるはずだが、それが（2）を用いて（1）を作り出すようになることで、否、それが反省されることで語の表記体の固定性ははじめて認識されるようになる。つまり、語の表記体における仮名生成と、音節の表記体の仮名生成は、ともに仮名が成立するためには、必須の過程であったのではないかと思う。これが、結果として平仮名と片仮名の生成に著しく関与していて、聯綿の表語表記上の平仮名と音節表記上の片仮名は、仮名の用法上の差として成立している。言うなれば、その出自自体に語単位と音節単位の仮名という内在的だった不可分の条件が、漢字という中国語の文字を換骨奪胎して自家薬籠中のものとする上でどうしても必要であったのではあるまいか。むしろ、平仮名・片仮名の―決して字形だけの二種ではなく―用法上の二種が揃うことが仮名には必要であったと思うのである。

おわりに

ここに一つの課題がある。全体的な使用頻度と異なり語数との相関を見た場合、その固定性なり汎用性なりの尺度をどう考えるかという問題である。

たとえば、同じ音節を表す字母Aと字母Bがあるとする。使用頻度一〇〇例の字母Aが異なり語数五〇語に用いられたものと、使用頻度五〇例の字母Bが異なり語数四〇語に用いられた場合、特定の語彙が統計的な異常値ほどに用例度数を稼いでいないならば、字母Aのほうが固定性が高く、字母Bのほうはむしろ散発的で固定性が低いということになる。この場合、形態素毎に字母Aと字母Bの比率が二倍を超えなければ字母Bは、形態素に縛られておらず、むしろその音節を表し得る字母として存在していることになる。逆に、字母Aは複数の語にまたがって使用されたとしても、その形態素に縛られている字母だと言い得るだろう。これを等し並みに音節単位にばらせば明らかに字母Aは多用頻用されるから汎用性が高いように見える。けれども、実際には字母Bのほうが形態素から自由であるという点で相対的に汎用性が高いとも言える。

大野透氏が常用の仮名を設定するとき、汎用性が高いことが機能的であるという見立てのもとに立論された。しかし、汎用性があるということは機能的であるとは限らない。二次的表語性という観点を導入した場合、その音節は確かにどの語にも出てこようが、語の表記体において文字列で固定する場合に選び取られた字母だとすれば、それは音節単位ではなく、語の単位で機能的だったということになる。一方で、どの語にも自由に用いることができて、語の表記体の縛りを受けないながら多用される字母は、その限りでは音節の表記体になり得る。

すなわち、形態素ごとにある程度の固定性があるという事実は語の綴り方の標準化をなす字母群を形成する。

その一方で相対的に散発的に用いられる字母群は、一方の固定性が高まるにつれて綴り方の束縛を受けない一群をなす。その意味では音節毎に標準化する字母群が前者によってはじき出されることになる。

ここで注意をしておきたいことがある。二次的表語性という概念は、そもそも形態素の各音節で一つずつ文字を与えていったところ、二次的にまとまりを形成したことを指す。つまり、当初は中国語文の仮借表記さながらに音節に該当する用法上の仮名を宛てていったという前提である。最初から語の表記体があったわけではない。ということは、仮名表記を試みているうちに、あるいは先行するテクストによって学習する過程で、単語毎にまとまりを形成したということになる。語の表記体にはじき出されたとは言い過ぎではあるが、むしろ音節を表す字母群があったというべきかもしれない。そこに語の表記体が生じることで仮名字母は分化する契機を得たということになるだろう。

これは漢字の仮名の用法にあっては恐らくは不可避の現象であったものと思われる。いわゆる訓読を前提とする漢文及び変体漢文の表記体は、訓字という表語的なまとまりを最初から備えている。訓字と仮名が表記体変換でしかない環境にあっては、仮名はもとより音節をあらわすとはいえ、訓字に対応する限りで形態素単位でのまとまりを求める。仮名の文字列の背後に訓字が浮かぶという関係は実はそれ自体が「語の表記体」でもある。

繰り返しになるが、仮名は一字一音式の表記体において単位量として一音節を表す。仮名はそれ自体「語の表記体」から遊離し得て「音節の表記体」を形成することができる。その遊離する契機が「語の表記体」の形成それ自体に内在的であったとみるほうが実態に近いのかもしれない。

右のような見方は、萬葉集という編纂者による閉じられた環境下で生じたテクストだから言い得ることであり、直ちに一般化することはできない。けれども、「万葉仮名」が後に聯綿を為す平仮名と音図の如き字母表を為す片仮名を形成すると見た場合、「語の表記体」の形成過程は、平仮名と片仮名が分岐する一つの、しかし多分に大きな要因だったものと思われる。万葉仮名から平仮名・片仮名には文字の表記体としてなお懸隔があるものの、原理的には語の表記体における用字法制限がもたらした帰結であった可能性がある。

語の表記体　……特定の仮名字母選択があり、他を排除する　→ binding-style　→ 平仮名的表記
音節の表記体……特定の語の表記体の拘束を必ずしも受けない→ nonbinding-style → 片仮名的表記

以上、語の表記体形成に伴う用字法制限から音節の表記体が形成される可能性について述べた。(注8) 万葉仮名から「仮名」への展開を考える場合、「語の表記体」形成が契機になるものと思われる。これが始原的に仮名遣いの端緒になる。そして後世、仮名遣いが動揺するのは、仮名が音節単位で学習され、いわば片仮名化するところに生じるものと予想される。「定家仮名遣い」の形成はそこから再び「語の表記体」へと向かうところに生じる。平仮名と片仮名を表記体の相関として捉え直せば、「仮名」の形成は常に生成規範的に変動することになるだろう。明治三十三年の平仮名字母第一号表と活字の登場は、平仮名を片仮名化する決定打となるが、近代語の漢語表記を含めて、上代の表記は日本語の表記史において極めて重要な観点を提供するものである。

現代語に照らして、この結論を言い換えるならば、現代語のひらがなは、古代の「片仮名」に近く、現代語のカタカナは、古代の「平仮名」に近い。外来語、オノマトペにカタカナが使われるのは、それが表語的まとまりを明示するからである。この片仮名の性質は綴り方の固定性による二次的表語性、すなわち「語の表記体」に近接している。

注

1　付言すると、ここでは「訓読」に「音読」を含めている。先に挙げた飛鳥池遺跡木簡では、「熊」を「汙吾」とする。「熊」は『広韻』から東韻の「雄」字と同音で羽弓切である。『韻鏡』では内転第一東韻の喉音濁三等（藤堂明保『音注韻鏡校本』は全濁音を「北京語に対応するも于母三等字なれば」と次清三等に移す）である。全濁音では対応しないから次濁音とみるべきであろう。声母于母三等で「汙」、ng 韻尾が「吾」で示されたとみられる。けれどもこの表記は漢字音の日本語転写音であっても、原音の注記ではない。いわば二合仮名として「熊」字を訓んだとみるべきである。「訓読」には音読・訓読を含むとみるのが「仮名」を考える場合には穏当である。

2　森川氏のいう「非同音節反復」とは、一首中に同じ音節が連接以外で二回以上登場する場合を指す。マニマニ・ココ・チチ・ハハ等は「同音節反復」である。なお森川氏のいう「字体」はここでは仮名字母にあたる。

3　訓字と仮名との関係は、表語的と表音的の差ではあるが、両者は置換可能で、読めるということは結局のところ仮名で書けるということに通底している。訓字が固定的でいわゆる正訓的だということは、その訓字が、読み方をただ一つに限定した仮名に近接することを示す。音義木簡が示す訓字と仮名との対応は、いずれも同じ語を表すという意味で日本語の表記にとって、訓字と仮名（仮名の文字列）が表記体の差でしかないことをよく示すものである。「はじめに」の音義木簡参照。

4　コトワリの意のコトの例「余能許等奈礼婆」（世の理なれば）（5・八〇五）を含む。

5　「余《よ》志《し》許《こ》佐《さ》流《る》良《ら》米《め》」（14・三四三〇）、「許《こ》騰《ど》伎《き》尓《に》伊《い》多《た》礼《れ》婆《ば》」（14・三五〇六）、「許《こ》弖《て》多《た》受《ず》久《く》毛《も》可《か》」（14・三五五二）など。

6　天治本『新撰字鏡』に「木防已、二八月採根陰干。佐名葛。一云神衣比。」とある。

7　「枳」字は巻五・十七・十八・二十に偏る。巻二十には「於枳弖等母枳奴」（置きてとも来ぬ）（20・四三八五）のように一句中に同字法的に用いられる例がある。

8　片仮名について十分に触れられないが、いわゆる五十音図は省画を含む片仮名において「音節の表記体」を示す字母表であったと考えられる。それが韻図に仮託されるのは、字母表を必要とした環境下――たとえば法相宗での伝来のテクストを天台宗で訓む必要が生じたといった、外部との接触において共通の仮名字母が不明な場合である。

参考文献

乾　善彦［二〇〇八］「第二章　言語資料のインタフェース」「第三章　日本語書記の史的展開」（『日本語史のインタフェース』シリーズ日本語史4　岩波書店）

犬飼　隆［二〇一一］『木簡による日本語書記史　二〇一一増訂版』笠間書院

井手　至［一九九九］「仮名表記される語彙」『遊文録　国語史篇二』和泉書院

――［二〇〇九］「文字をめぐる思弁から――文章と文字との対応関係についての覚書――」（関西大学『国文学』93）

――［二〇一〇］「表記体の変換と和漢の混淆」（『古典語研究の焦点』武蔵野書院）

――［二〇一二］「古代語における文字とことばの一断章」（『国語文字史の研究』12　和泉書院）

右の［二〇〇九］以降の三編の論文は、後に補訂され『日本語書記用文体の成立基盤』（二〇一七　塙書房）所収。

內田賢德［二〇〇五・三］「漢字から仮名へ」（『朝倉漢字講座1　漢字と日本語』朝倉書店）

――［二〇〇五・九］『上代日本語表現と訓詁』塙書房

沖森卓也［二〇〇〇］『日本古代の表記と文体』（吉川弘文館）

大野　透［一九六二］『万葉仮名の研究――古代日本語の表記の研究』（明治書院）

奥村悦三［一九七八a］「仮名文書の成立以前」（『論集日本文学・日本語　上代』角川書店）

――［一九七八b］「仮名文書の成立以前　続」（『萬葉』99）
　a・bとも後に補訂され『古代日本語をよむ』（二〇一七年、和泉書院）所収。
尾山　慎［二〇一三］「訓字主体表記と略音仮名」（『萬葉集研究』33集　塙書房）
川端善明［一九七五］「万葉仮名の成立と展相」（『日本古代文化の探究 文字』社会思想社）
佐野　宏［二〇〇七］「倭文体の背景について」（『国語文字史の研究』10　和泉書院）
――［二〇〇六］「日本書紀の「訛」注記について」（『国語語彙史の研究』25　和泉書院）
――［二〇一〇］「萬葉集の唱詠と定型の枠組み――「定型」の変遷について――」（『萬葉集研究』31集　塙書房）
――［二〇一五］「萬葉集における表記体と用字法について」（『国語国文』84の4）
瀬間正之［一九九九］「漢字で書かれたことば――訓読的思惟をめぐって――」（『国語と国文学』76の5）
浜田　敦［一九六〇］「表記論の諸問題」（『國語國文』第30巻3号）
藤井俊博［一九九三］「今昔物語集の文体と法華験記――「更ニ無シ」をめぐって――」（『国語学』173）
築島　裕［一九六三］『平安時代の漢文訓読語につきての研究』（東京大学出版会）
西宮一民［一九七〇］『日本上代の文章と表記』（風間書房）
――［一九七七］「上代の文体」『国語学研究事典』（明治書院）
峰岸　明［一九八六］『変体漢文』（東京堂出版）
森　博達［一九九一］『古代の音韻と日本書紀の成立』（大修館書店）
森川千尋［二〇一二］「万葉集各巻における変字法と同字法の様相」（『国語文字史の研究』12　和泉書院）
森重　敏［一九六七］『文体の論理』（風間書房）

―――［一九七〇］『日本文法通論』（風間書房）
毛利正守［二〇〇三］「和文体以前の「倭文体」をめぐって」（『萬葉』185）
―――［二〇〇四］「古事記の書記と文体」（『古事記年報』46）
―――［二〇〇六］「日本書紀訓注の在りようとその意義」（『人文研究』57）
―――［二〇〇八］「倭文体の位置づけをめぐって――漢字文化圏の書記を視野に入れて――」（『萬葉』202）
―――［二〇一〇］「上代の作品にみる表記と文体――萬葉集及び古事記・日本書紀を中心に――」（『古事記年報』52）
―――［二〇一三］「上代日本の書記の在りよう――東アジア漢字圏を視野に入れて」（『萬葉集研究』34集　塙書房）
山口佳紀［一九八九］「日本語の文体――日本文体史に関する五条――」（『講座日本語と日本語教育5』明治書院、後に古代の部分を抜き出して補訂され『古代日本文体史論考』〈一九九三　有精堂出版〉所収）

本研究はＪＳＰＳ科研費ＪＰ１５Ｋ０２５６６、ＪＰ１７Ｋ０２７９６の助成を受けたものです。

濁音専用仮名はなぜ萬葉仮名から継承されなかったか

遠藤邦基

はじめに

記紀萬葉・金石文・正倉院文書など、上代文字資料における萬葉仮名には、多少の濃淡の差はあるにしても、基本的には濁音専用仮名の存在が認められている。しかし、書紀歌謡の萬葉仮名については、一部とはいえ後世の平仮名と同様に明らかに清濁共用の仮名の使用例が見られるのである。具体的には、記萬葉では清音仮名として使われている「底」を、〈デ〉に充てた「ワシリデノ（走り出の）巻十四雄略紀六年」、「播」を濁音の〈バ〉に充てた「ヌバタマノ（ぬば玉の）同十三年」や「タチバナ（橘）巻二七天智紀十年」、「堤」を濁音の〈デ〉に充てた「ウヘニデテ（上に出て）巻十七継体紀九年」、「多」を〈ダ〉に充てた「コメダニモ（米だにも）巻二四皇極紀三年」や「エダ（枝）巻二七天智紀十年」、「都」を濁音の〈ヅ〉に充てた「ミヅ（水）巻二六斉明紀四年」、そのほか踊り字による「枳々始（キ゛ス・雉）巻二四皇極紀二年」、「波々箇屡（ハ゛カル・憚）巻二七天智紀十二年」などである。

しかし、記萬葉ではもっぱら清音仮名として使用されているにも関わらず、このように濁音仮名として使用されている書紀歌謡の右の七字（十一例）は、書紀成立に関する区分論(注1)ではいずれもα群（唐代北方音）に属する巻十四・十七・二四・二六・二七であって、β群（倭音）に属する仮名にはその傾向は全く見られないという特徴が存しているのである。つまり、この「底・播・堤・多・都・枳・波」の七字の字音の声調はいずれも上声であることから「（発声の際に）声帯の振動が妨げられ濁音要素が減殺される結果（唐代北方音を使う）中国人が清音と聞き誤った」(注2)ということで、この清濁表記に存する異例はいわゆる唐代中国人の〝耳〟に基づくものであると解すれば、右の七字は上代における清濁の識別の曖昧さを証する例とはならないこととなる。事実、倭音に基づく表記のなされているβ群（巻一～十三・二二・二三・二八・二九）においては、清濁の書きわけは記萬葉と同様に厳然となされているのである。

しかし、周知のように平安時代の仮名（片仮名・平仮名）には濁音専用仮名は考案されていない。のちに音義書・注釈書等でその区別が必要とされるようになった際には、カサタハ行の仮名の四隅に声点等を兼用した何らかの符号を付すという、形態としては清音仮名の亜種のような従属《タテ》の関係で両者の識別を表示する手法が採られたのである。平仮名が基本的に漢字全体を崩した（草体）と連続性を持つものであるからには、平仮名の世界においても、例えば〈ガ〉に対して、上代において濁音専用仮名として使用されていた「我」を崩した字体を、同じく〈グ〉に対しても濁音仮名の「具」を崩した字体の使用を継続する方法もあったはずである。たしかに草仮名として「我」は継色紙や秋萩帖に十例あまり、「具」も秋萩帖に数例使われているが、そのいずれもが必ずしも濁音仮名としての使用に限られているわけでないことから、平仮名の世界に濁音専用仮名という機能上の継承がされていないことは明白である。

そこで、平安時代に入って成立した平仮名に、何故に濁音専用仮名が考案されなかったかについて、平安時代初期に生じた濁音の音価の変化にその要因を求めて考えてみることとする。

濁音の表示法 ―清音仮名に符号を付す形態―

識字層の拡大とともに言語情報の主たる伝達法が文字を介してなされるようになるが、それまでは和歌・歌謡・物語などの伝達や伝承は、原則的に音声を介してなされたものであった。例えば、萬葉集の字余り歌（句）に共通する音節構造上の特徴として「字余りの句中には母音〈エ〉を除く）が介在している」(注3)がある。このことは、萬葉歌の主要鑑賞・伝承手段が、音声を介した聴覚映像にあったためと思われる。

字余り歌と母音との関係は、平安時代に入ってからも変わらない。現存する写本により多少の相違はあるが、古今集の字余り歌は全歌数の四分の一強にあたる三一〇首、後撰集にも三四〇首前後存していることから、物名歌や沓冠歌、折句などの文字遊び歌を除けば前代と異なることなく和歌の主要鑑賞手段は聴覚映像に基づいていたものであったと解することができるのである。

この件は、歌合の判詞（元永元年内大臣家歌合・仁安二年経盛朝臣家歌合など）に、「聞きよき」「うち聞くに耳に立たぬ」などが存することでも明白である。そのほか物語の音読に関する記述は、平安時代の宇津保物語（蔵開巻上）・源氏物語（若菜下）・紫式部日記・讃岐典侍日記などにあり、鎌倉時代に入ってからも源氏物語の読み手として「女あるじ（阿仏尼）を招いた（飛鳥井雅有日記文永六年九月）」という記録があり、物語が音声を介して鑑賞されることがとくに珍しいことではなかったことがわかるのである。

ところで、上代には殆んど存在していなかった清濁の相違を無視した語源説話や掛詞などの言語遊戯が平安時代になると和歌・物語などに出現することになる。例えば「物語のいで来はじめの祖（源氏物語・絵合）」といわれる竹取物語には、「はち（鉢）を捨つ」から「はぢ（恥）を捨つ」（仏の御石の鉢）、「あべ（安倍＝人名）無し」から形容詞の「あへなし」（火鼠の皮衣）を連想させるという語源説話が存している。

斯様な清音と濁音の相違を無視した言語遊戯の存在の指摘は上代文献に存在しないわけではないが、その多くは修辞としての認定に問題を含む場合が多い。(注4)

音声を伴う連想喚起による言語遊戯の場合もほぼ同様のことがいえる。萬葉歌において、枕詞「ちちのみの」は同音の「ちち（父）」に掛るのであって「ちぢ（千々）」に掛ることはない。「ははそばの」も「はは（母）」に掛るのであって「はば（幅）」や「はばき（脛巾）」には掛らない。また「草香江の入江に漁る葦鶴の」は「たづ〳〵し」の序詞であるが「たつ（立）」や「たつ（龍）」には掛らない。「君松浦」の「松」は「待つ」との掛詞であるが、「まづ（先）」の連想喚起に用いられることはない。

このように上代では、清濁は極めて明白に識別されていたといえるのである。したがって、一見清濁の別を無視したかに思われる地名「たでつ（蓼津）」の由来を「たてつ（盾津）」とする地名起源説話の、

○因改号其津盾津、今云蓼津訛也（神武前紀戊午年四月）

に対しても、そこに態々「訛也」という注記が加えられていることから、タテツ―タデツは近しい音であっても同音でないことを証していることとなる。また、

○あからひくはだもふれずて（秦不経）寝たれども心を異には我が思はなくに（萬葉集巻十一―二三九九）

の「はた（秦）」を「はだ（肌）」と訓じるのは、上代における清濁異例の表記（充字）とする考えもあるが、実

は「所貢絹綿軟於肌膚、故改秦字謂之波陀（古語拾遺）」とか、「温煖如肌膚、賜姓波多（新撰姓氏録）」という記述が存することから、後世では「ハタ」と訓じられる「秦」が清音の「ハタ」ではなく濁音の「ハダ（肌）」と読まれる習慣のあったことが証明され、この「秦不経」を「はだにふれずて」と訓じることも上代の清濁の異例とはならないのである。

それに対し平安時代になると、先述の竹取物語の語源説話に限らず清濁を異にする掛詞等の言語遊戯は、物語・和歌のいずれの世界でも広く用いられるようになる。例えば、萬葉集には音連続体「なかる」に清濁を異にする「泣く―流れ」を掛けることはないが、古今集では、

○篝火の影となる身の侘しきはなかれて下に燃ゆるなりけり（古今集巻十一―五三〇）

○あはれとも憂しとも物を思ふ時などか涙のいとなかるらむ（同巻十五―八〇五）

などの掛詞が常態化している。同様の修辞は数多い。

○今こむといひて別れしあしたよりおもひくらしねをのみぞなく（同巻十五―七七一）

傍線部については、「おもひくらしは、ひぐらしをそへていへり（両度聞書）」とあるごとく「ひくらし（日暮）」と「ひぐらし（蜩）」を掛けたものと考えられ、

○あふことのなきさにしよる波なれは恨みてのちぞ立ち帰りけり（同巻十三―六二六）

○あふことのなきさに身をしなしつれは袖も涙のぬれぬ日ぞなき（古今和歌六帖一九〇五）

の傍線部の「なきさ」は、「なき（無）」と「なぎさ（渚）」を掛けたものであり、

○秋の野に道もまとひぬまつ虫のこゑするかたに宿や借らまし（古今集巻四―二〇一）

○忘れなんと思ふ心のつくからに有しよりけにまつぞ恋しき（同巻十四―七一八）

の「まつ」は、「まつ（待・松）」と「まづ（先）」の掛詞と考えられる。

斯様な清濁を異にする修辞の普遍化が、のちに形骸化してしまうことにより、本文解釈に支障をきたす事態が生じることがある。例えば、副詞の「また（又）」と「まだ（未）」は、濁音表示法が未発達の時代には仮名書きでは区別されることがなく、ともに「また」と書かれることから、掛詞の場合はともかく、そうでない場合は解釈に混乱をきたすことがある。その対策として、定家は「［マタ」に漢字の「又」を当て、［マダ」は仮名で「また」と表記することによってその別を明らかにしている」(注5)のような書き分けを試みているのである。

平仮名に濁音専用仮名が考案されなかったことから、清濁を異にする語に関して多様な解釈が成立することになる。例えば、中世の伊勢物語注釈書には次のような説話が残されている。その数例を次にあげる。

○（荒れはてた家に突然数人の女が無遠慮に入ってきたため、住人の男は驚いて奥に隠れるが、女は）

あれにけりあはれ幾世の宿なれや住みけん人の訪れもせぬ（伊勢物語五八段）

という歌を詠む。この歌は古今集（巻十八）、古今和歌六帖（巻四）にも引かれるが、中世の一部の注釈書には初句の「あれにけり」を「荒れにけり」ではなく、「彼（あれ）逃げり」とする解釈を見ることができる。真名本伊勢物語の「彼逃利天晴幾世」はその解釈に基づいた表記であるが、この「逃げり」の成立要因には「此歌のまへの詞に、此男逃げてかくれにければとあるによりて（戸田茂睡『僻言調』）」という文脈に基づく解釈、さらには「にけり」を「ニゲリ」と読む読み癖（伏見宮本古今和歌集・寂恵本古今和歌集加註など）の存在が考えられる。いまひとつ、

○（仁和（光孝）帝の鷹狩りに召された際に、伺候した高齢の鷹匠が次の歌を詠む）

翁さひ人なとかめそ狩衣けふはかりとそ鶴も鳴くなる

おほやけのみ気色あしかりけり。おのか齢を思ひけれと、若からぬ人はき、おひけりとや。

（伊勢物語一一四段）

この章段の内容は、自分は高齢なので鷹匠としての仕事は「今日ばかり（今日が最後）」という気持ちを詠んだのを、同じく高齢の帝がそのことばを聞き咎めて機嫌を損ねたということである。なお、定家筆後撰集の同歌の傍線部は「けふ許」とある。ところが中世になるとこの「おほやけのみ気色あしかりけり」の行に対して種々の解釈がとられるようになる。例えば冷泉家流伊勢物語抄では「今日は狩」と詠じ変えたことで帝の機嫌が直ったと解している。真名本伊勢の「今日者狩与社」は、その解釈に基づいた表記である。この種の修辞は、古今集以降にも、

○君によりわか身そつらき玉たれのみすは恋しと思ましやは（後撰集巻九―五六七）

における「御簾―見ず」など広く見られるもので、次第に説話の世界にも拡大していく。中世になると、枕詞「ひさかた（久方）」の語義として「ひざかた（膝形）」が充字された注釈書が出現する。その結果、古今和歌集序講義問答秘書には次の解釈が示されることとなる。

○天武后（中略）紫ノ御袴ヨリ御膝ノ白キカ見エタリシヲ、夜ヲ照ス月カトモ見ル大君ノクマナキ影ノ膝形ノ色　是ヨリ月ヲ膝形ト云々。此萬葉也。

これは、中世の萬葉擬歌を介しての語源説話であるが、ほぼ同様の記述が毘沙門堂本古今集註や国学院大本古今序注などにも存することから、「ひさかた（久方）―ひざかた（膝形）」の語釈は広く流布していたものと考えられる。

また仮名書きの「たつ」は、「たつ（龍）」とも「たづ（鶴）」とも解すことができる。天永元年十月二日内大

臣歌合にある「口惜しや雲井隠れにすむたつも思ふ人には見えけるものを」を対象にした基俊と俊頼の論争の逸話が無名抄に「基俊僻難事」として収められている。

平安末期になると萬葉歌に関しても、清濁の相違を無視した独特な解釈が生まれることとなる。俊成自筆の古来風躰抄には、

○あひおもはぬひとをおもふはおほてらの餓鬼のしりゐにぬかつくかこと（萬葉集巻四―六〇八）

の歌に対して、「これは「垣《カキ》」のしりゐにと申すなり。されと又「餓鬼」をも哥にはかきてもつくりてもあれは、かよはしてかけるなり（時雨亭文庫本上・四二ウ）」と解している。もっとも、現行注釈書で「餓鬼」と「垣」との掛詞説を採るものはない。

このように清濁の相違を介した掛詞等の修辞が許容されたのは、両者の関係が対立《ヨコ》ではなく従属《タテ》に変化したことがもっとも大きな要因かと考えられる。

そのほか、清濁の関係が曖昧になっていたことを証する例として、清濁の相違を無視した充字の存在をあげることができる。

近年各地から出土の和歌刻書土器や醍醐寺五重塔天井落書、漆紙文書など十世紀頃の平仮名資料は、いずれも漢字を交えることが少ないことから充字を拾うことは困難であるが、十二世紀初期頃写の伝公任本古今集は、先行の古今集写本と異なり作者名が原則漢字表記されるという特徴をもっている。そこには藤原仲平朝臣（巻十五―七四八）の作者名が藤原長平となっている。「仲平」を「長平」としたのは「カ―ガ」が区別されることなく広義の〝同音〟として受容されていたために生じた表記と考えられる。

十世紀末成立の源為憲撰の三宝絵は、漢字仮名交じり文による関戸本（一一二〇年写）、漢字片仮名交じり文

による観智院本（一二七三年写）、変体漢文体による前田本（醍醐寺本の転写本）という表記体系の異なる三本の存在が知られている。そのうち最古の写本である関戸本に次の記述がある。

○置染臣鯛女は、ならの西のさうさのあまのむすめ（四八ウ）

この一文は、観智院本に「ナラの尼寺の上座ノ尼」、前田本にも「奈良尼寺上座之女」とあることから、関戸本の「西」は「尼寺（にじ）」の充字であると考えられる。ここで「尼寺」と清濁の一致する「虹」「二字」「二時」などではなく、「西」の字を充てたということは、関戸本の書写者にとって「ニジ」と「ニシ」の清濁の相違は、ほぼ同音として認識されていたことを意味していると考えられる。同書にはほかにも「子」をミセケチして「五」に訂正した、

○これをきゝて、子《五》をうつことはに、あなおそろし〳〵といふ（三八ウ）

があるが、この数行前に「人と、もにこをうつほとに」という一文があることから、このミセケチ訂正された「子」は「碁」の充字として使用されたものと考えられる。

清濁の曖昧な関係 ―音感により清濁が交替すること―

平仮名の世界において、清音と濁音はどのような関係で認識されていたのであろうか。古今集（巻十八―九五五）に「同じ文字なき歌」として、

○よのうきめみえぬやまちへいらむにはおもふひとこそほたしなりけれ

がある。ここでいう「同じ文字」の条件には清濁や異体仮名の別は対象となっていない。このことは、前述した

ように上代の萬葉仮名では互いに独立する存在であった「加〈カ〉」と「我〈ガ〉」、「久〈ク〉」と「具〈グ〉」の仮名も、平仮名の世界では清濁・異体仮名の区別をしない同じ仮名の範疇で括られることになったということを意味しているのである。

これはヤ行の〈エ〉を加えた四十八文字の「あめつち歌」、四十七文字の「たゐに歌」「いろは歌」などの音節網羅歌とて同様である。例えば、「いろは歌」で「いろは（色は）」の「は」に対して濁音の〈バ〉の使用はない。このことは後世の写本（土佐日記など）の奥書に常用されている「一字不違書写」の「一字不違」の対象が、異体仮名には及んでいないのと同質である。このことからも濁音が清音に対立する音韻的存在としての認識はされていなかったことが判るのである。のちに俊成が「やまとうたは、た丶かなの四十七字のうちよりいて、丶（古来風躰抄二九オ）」と述べているように、和歌は「かなの四十七字」ですべて記載されていたのである。

濁音専用仮名の存在しないことについて、文字体系・音韻体系の異なるキリシタン文献では次のように述べている。

〇「いろは」は日本人が使っているすべての綴字を含んでいるわけではなく、仮名に点を加えて別の音に変え、それを数度使う（ロドリゲス日本大文典・第一巻・要旨）

つまりは、濁音は仮名に点を加えることにより濁音を表示したということである。これは、濁音（有声音）には全く異なった文字を使う人たちにとって、極めて奇妙なことであったことに対する驚きの表現と思われる。

平仮名に「点を加えて濁音を表示する」という手法の出現は院政期になってからのことであるが、片仮名に関しては平安中期頃から当初は角筆の世界で音義書・仏典（陀羅尼）・字書の類に四声を兼ねての様々な符号による濁音表示が見られるようになる。しかし、その際にとられた手法は、常に清音仮名に何らかの符号を付すという形態であり、基本的に独自の仮名の考案されたことはない。ここで「基本的に」と述べたのは濁音専用仮名（片仮名）として唯一報告されている高山寺蔵十二天法（十一世紀中頃写・第六群点）が存在するからである。しかし、そこに使われている濁音専用仮名の形態は、例えば〈タ〉〈シ〉の濁音仮名は「タ」「シ」の字体を左右に反転した形、〈ヘ〉に対する濁音仮名も「ヘ」を上下反転した形というように、原理的には清音仮名に符号を付すことによって濁音を表示する手法と同じで、実態はこの十二天法に見られるこの濁音専用仮名も非独立型と異なるものではなかったのである。

清濁を書き分ける仮名を持たなかった（持つ必要がなかった）ということは、仮名（平仮名）の使用の始まった当初、濁音が音韻的存在でなかったと考えるのがもっとも矛盾しないことと思われる。その間の事情を語ったものとして、

○神楽・催馬楽・風俗・雑芸等には、必すしも文字のまヽ詞のまヽにうたはぬ事おほし……にこりてうたふへき文字をもすみていひ、すみて云へき詞をもにこりてうたふも常の事也

がある。これは建久四（一一九三）年の六百番歌合における俊成の判詞に対して、顕昭が反駁して記した六百番陳状の言辞の一部である。ここでは、和歌や物語を音読する際には「清むべきを濁り、濁るべきを清む」という改読はとくに珍しいことではないということを述べているのである。ただこの種の改読に際しては「濁るべきを清む」の指示が圧倒的に多数であった。例えば、

○秋はきにうらふれをれは足引の山したとよみ鹿の鳴くらむ（古今集巻四―二一六）

の「とよみ」について、「トヨミハ動ト書リ。本ハドヨミトニコリテヨメトモ、ニコレハキキツタナキ間スミテヨム也（早大本三抄）」、

○龍田河もみちは流る神奈備の三室の山にしくれ降るらし（古今集巻五―二八四）

の「もみちは」に対し、「モミチ葉ナリ。サレトモバト読ハ聞ニクシトテ、為氏卿モミチハ《ワ》ト可読トノ給ヘリ（毘沙門堂本古今集註）」、

○心もけしうはあらす侍しかと（源氏物語・箒木）

の「けしう」について、「下すしき心にも清てよむ。き、よかるへし（内閣文庫本弄花抄）」、というように、本来は「どよみ」「もみぢば」「げしう」という濁音形の語であるが、音読の際にはそれを清音に改読すべきであるという指示がされているのである。この風潮は近世でも同様で「濁るを清むは難なし。清むを濁るは恥也（三冊子）」にまで及んでいる。勿論、この種の読み癖資料に「濁音で読むべき」という指示が存在しないわけではない。しかし、その際には、

○典侍　此典ノ字スミテヨムヘキヲ、御門ノ御前ナトニテヨム時、天子ト申御名ノ声ニハ、カリテ、典ノ字ヲニコリテヨム也（延五記）

○大伴家持　大伴を濁りて読べし。濁る所のわけは淳和帝（在位八二三～八三三）の御諱を大伴といひて、是ハ清て読也（萬葉百人一首）

○天智天皇　てんぢてんのうと読べし。てんちとすみてよめば天地に聞ゆる故、濁りてよむ也（百人一首雑談）

のように、同音に憚られるべき語（諱・卦など）が連想される場合に限られたものであり、それらを除けば、いずれも濁音を回避して清音に改読すべきという指示であった。このように清音が選択された理由は、右にあげたように基本的に「聞きよし」であるが、ほかに「やさし（片言）」「和かに聞ゆ（書陵部本百人一首師説抄）」「風流（同上）」というプラスの音感を根拠とするのに対し、濁音に対しては、いずれも「キ、ニクシ（毘沙門堂古

今集註）」「キ、ツタナシ（延五記）」「キ、ガワルイ（東大本古今集）」「無骨ナリ（延五記）」「ヲソロシク聞ユル（伝心抄）」「いやしう聞ゆ（片言）」「きたなき（渓雲問答）」「凶也（叢塵集）」などというマイナスの音感で認識されているのである。また、この風潮は語源説にも及ぶこととなる。

「かみ（神）」と「かがみ（鏡）」との関係は「か、みにかみのこころをこそはみつれ（土佐日記二月十日）」とあるように、神道の世界では両者は古代から不即不離の関係にあり、中世になると「神トハ鏡ト云意也（多和文庫本日本書紀巻一）」とあるように同一語源説が語られるようになるが、そこにも、

○鏡ヲ神ト云事、和訓ノカ、ミノ中ノカノ字ヲ略シタモノソ。中ノガノカナハ濁ルホトニ嫌テ略シタソ
（両足院本日本書紀抄巻一）

の如く濁音「ガ」を「神道の嫌う穢れた音」と説いているのである。このように、清音に対して濁音は「音感が悪い」とか「穢れた音」ということで省略したり、清音に変更するという読み癖が存在しているのは、清濁が従《タ》属《テ》の関係を持ち続けていたことを意味するものであり、その関係は一部とはいえ現在に至るまで継承されているのである。

両音の関係を示す例としては、語頭の清濁を異にする擬態語の、サラサラ—ザラザラ、キラキラ—ギラギラ、シトシト—ジトジトなどがあるが、この件は動詞としてのハレル（晴）—バレル、スレル（擦）—ズレル、フレル（振）—ブレル、名詞としてのサマ（様）—ザマ、トリ（鳥）—ドリ、タマ（玉）—ダマなどはいうに及ばず、アフレル（溢）—アブレルのような語中尾にも及んでいて、それは「履物が古くなって汚れたから濁りをつけてばきものという（妙竹林話七偏人）」のように現代の俗語の世界にも生産性を持って用いられている。[注6] そこに共通する性格は、次の三項に纏めることができる。

一　濁音形は清音形からの派生語である。
二　清音形は擬態語を除き漢字表記されることがあるが、濁音形は漢字表記されることがなく常に仮名書きである。
三　濁音形は常に侮蔑などの減価意識を持つ。

語頭の清音を濁音に置き換えることでこのような減価意識が生じるということは、現在に至るまで清濁が対立《ヨコ》ではなく、従属《タテ》の関係を持ち続けていることの証左となるのである。

朧化された濁音 ―前接する鼻音の存在―

中世末渡来のキリシタンの残した耶蘇会士日本通信（異国叢書）、異国往復書簡（同）Ｒ・フロイスの日欧文化比較（大航海時代叢書）等のローマ字資料には、公卿を cunge、九条を cunjo、平戸を firando、姥を umba のように、濁音に前接する鼻音の存在が明示されたものがある。この件については、

○ダ行ガ行、一部のバ行の前の母音は、常に鼻音を持ったように発音される。（ロドリゲス日本大文典・要旨）

とあること、同様の記述はキリシタンに先立つ十五世紀末のハングル資料（弘治五（一四九二）年朝鮮版伊路波）などにも認められるものである。また、現在にいたるまで一部の方言には、濁音に前接する鼻音の残存が報告されている。上代には存在しなかった―もしくは存在しても極めて微弱であった―濁音に前接する鼻音的要素が、平安時代に入ると強くなった結果、清濁の関係が〝朧化〟され、濁音は清音の範疇に組み込まれて濁音を表示する専用仮名は必要とされなくなったものと考えるのである。

仮名の四隅に声点を兼ねて濁音を表示した初期の文献は、音義書・仏典（陀羅尼）・字書などの片仮名文献であったが、その手法は数世紀遅れて次のように平仮名文献にも姿を現すようになる。

○おくやまのすかのねしのきふるゆきの（天理大学図書館蔵顕昭注古今集巻十一―五五一）

右の傍線部「すかのねしのき」の七字の仮名には「平・平濁・平・平・平・平・上濁」という声点が加えられている。

濁音を表示する機能が四声から独立し、現代と同じように右肩に固定するのは中世も末期になってからのことであるが、片仮名文献には一部ではあるが十一世紀中期の訓点資料にその形を見ることができる。例えば、仮名の右肩に「・」符号を付して濁音を表示した、

○属《ゾ・ク》　奈《ダ・イ》　彌《ビ・》（興聖寺本大唐西域記）

が存している。ところがこの文献には同じ符号の「・」が鼻音を表す場合にも共用されているのである。

○勁《ケイ・》反　繁《ハ于・》反　傭《ヨ于・》反

同じく仮名の右肩に「レ」符号を付して濁音を表示した、

○漁《ギレヨ》　陳《チレン》　跋《バレチ》　詞《ジレ》　懃《ゴレン》（図書寮本名義抄）

が存在すると同時に、同じ符号が「ウ」の仮名の右肩に加えられ鼻音を表す場合にも使われている。

○忘《マウレ》　紅《クウレ》　洞《トウレ》　統《トウレ》　ツウレ

このように濁音表示と鼻音表示に同一符号「レ」が共用されるのは珍しいことではない。十三世紀中期写の観智院本名義抄にも、「レ」が濁音表示符号として、

○逆《ギレヤク》（仏上五九）　鼻《ビレ》（仏中七九）　電禾《デレム》（法下六六）

のように「キ」「ヒ」「テ」の仮名の右肩にこの「レ」符号が付されているが、同時に鼻音表示符号としての、

○往ワウ（仏上二二）　行禾キヤウ（仏上二五）　夢禾ムウ（僧上四七）

などが存している。さらにこの観智院本名義抄には、数例であるが濁声点の「：」と「レ」とが重複（併記）されているものが存在している。

○便禾ヘン（「ヘ」の左上に「：」、右上に「レ」）（仏上三〇）　事禾シ（「シ」の左下に「：」、右上に「レ」）（仏上八〇）　著禾チヤウ（「チ」の左下に「：」、右上に「レ」）（僧上三七）

この濁声点と鼻音記号の併記は、当時の濁音と鼻音との密接な関係をそのまま表しているものと考えられる。しかし、音節文字である仮名にこのような鼻音が反映することは極めて稀なことであり、後世の写本も含めて和歌や物語等の文学作品にその例を拾うのは困難である。ただ、比較的音声言語の反映しやすい仮名写経や識字下層の手になる土地譲状（売券）などの文献には、時としてそれを証する表記が姿を見せることがある。次に十三世紀頃までの例をあげる。仮名写経では、

○みやうわんけ（微妙和雅）　ふんきめしやう（不起滅声）（恵信尼写仮名写経）

がある。これは佛説無量寿経の一部で「恵信尼が暗誦していたのを思い浮かべて写した（注7）」といわれているもので、音声としては「ミヤウワゲ」「フギメシヤウ」であったと考えられる。また土地譲状などとしては、

○かた〳〵のくんし（公事）いてきたらんときは（文永六（一二六九）年三月慶西所領譲状）

○任譲状旨、ふんたん（普段）にしてあんとせさすへし（弘安四（一二八四）年四月十日大神惟親所領譲状）

○紀伊國なんか（那珂）のこおり（正應二（一二八九）年正月二五日西信田地売券）

○たけんへ（建部）のうちの女（しやうおう二（一二八九）ねん二月十日建部氏女譲状）

などがある。「くんじ（公事）」については、日光大光寺文書（永仁六年十月二八日伊東祐教田地売券）に、鼻音を「う」で記した「まんさうくうし（万雑公事）」もあるが、これは連音上の法則の「ウムノ下ニゴル（詩学大成抄・ロドリゲス日本大文典など）」に通じる表記である。(注8)

まとめ

萬葉仮名では異なった仮名を使って清濁を書き分けているにも関わらず、平仮名の世界ではその書き分けが継承されなかった理由については、亀井孝、濱田敦、小松英雄、井手至氏らが各々の見地から論じられているが、ここでは上代から平安時代初期にかけて生じた濁音の音価の変化が、独立した濁音仮名の成立を阻害したのではないかという立場に基づいて論じたものである。具体的には、上代には微弱な存在でしかなかった濁音に前接する鼻音が平安時代になると強く意識されるようになったために、清音と濁音の対立が朧化し、両者の関係が対立《ヨコ》から従属《タテ》に変化したこと、その結果、のちに仏典（陀羅尼）の読誦の記録や音義書などで清濁を識別して表示する必要が生じた際にも、新たに濁音専用仮名が考案されることなく、既存の清音仮名に符号を付すなどの非独立の形態でしか表示されることがなかったのである。このことは、濁音が独立性を失ったために独自の字体が必要でなくなったということでもある。さらに濁音と鼻音の両者を表示する符号が共用されることが多いということは、両者の関係が極めて近似したものであったことを意味している。

前代には存在しなかった清濁を異にする語源説話や掛詞などが平仮名文献（竹取物語・古今集）などに存していること、後世の資料ではあるが古典音読に際しての注意事項を記した読み癖資料の記述をみると、清濁の関係が対立《ヨコ》から従属《タテ》へという質的な変化をしたことは否定できないことである。

もっとも、現存の読み癖資料の多くは平安時代から数世紀のちの中世から近世初期にかけてのものであり、音価の変化の根拠としてあげることに問題はないとはいえないが、読み癖が権威づけの為の「作為的で特殊な読み方の指摘」ということでなく、「一時代前の伝統的な読みの継承されたもの」という立場に立って、そこに残された記述を濁音音価の変化の根拠として援用することとしたのである。したがって例えば、

○長しとも思ひそはてぬ昔よりあふ人からの秋の夜なれは（古今巻十三―六三六）

の傍線部の「か」の仮名の左に朱で濁音表示の「:」と、不濁点の「。」とが並記され、右に「濁ト清トノアハヒナリ（黒川文庫蔵古今集清濁）」という奇妙ともいえる注記の存在すること、あるいは「清濁中間音触鼻出者、為清濁音（磨光韻鏡下十三オ）」の「清濁中間音」というような曖昧な表現の意味するところは、まさに「朧化」された濁音そのものを「ことば（表現）」によって示したところにあると考えるのである。

近世に入り、印刷技術の発達とともに寺小屋教育などによる識字層底辺の拡大があり、音素段階の存在にすぎない鼻音を「ん・う」の仮名を用いて表示するという非標準的表記法は姿を消し、仮名の右肩に双点を付すという現在と同じ形態での濁音仮名の使用がほぼ定着することになったのである。

しかし清濁の関係は、濁音が前接鼻音を失った現在でも連濁現象の位相（地域）差―地名（滋賀県）の「甲賀」を地元では「コウカ」、地元以外では「コウガ」と称す―などを典型として、濁音が語義の識別に機能しないという曖昧な一面を持ち続けているのである。

注

1　森博達『古代の音韻と日本書紀の成立』（大修館書店／一九九一）
2　森博達『日本書紀成立の真実』（中央公論新社／二〇一一）
3　佐竹昭広「万葉集短歌字余考」（『文学』十四巻五号／一九四六）
4　真淵が『旅のなぐさみ』で「（萬葉でも）言ひ掛けの詞には澄み濁りを厭はざる」として例にあげた「（玉鬘）と影―掛（巻二―一四九）」も「以花蘰進于殯宮。此曰御蔭（持統紀元年二月）」により、むしろ清濁の区別が厳正であったことの証明となる。松屋筆記の「清濁かよはせてよめり」とする「旅にして物恋しきに（巻一―六七）」の「恋しき」に「しぎ（鴫）」をよみかけたとする考えや、播磨国風土記の「朕（あぎ）の渡り」に「あきなひ（商）」を掛けた」とする考え（佐竹昭広説）も同様である。
5　小松英雄『日本語書記史原論』（笠間書院／一九九八）
6　「本船（＝老朽船）なぞはフネでなくブネですよ（阿川弘之『お早く御乗車ねがいます』／蜂矢真郷氏教示）」。「どう好意的に聞いてもその爪音はゴロリンジャーンとひびくのであった（杉本苑子『元禄歳時記・下』）」。「高いだけが能の高級店のザカナやガイは食えない（伏見丘太郎『東山先生風流譚』）」など。
7　梅原真隆『恵信尼文書の考究』（永田文昌堂／一九六〇）
8　ハングル創設時の訓民正音にある「△」を除き、ハングルにも濁音字は無いが、その必要性が生じた際には「直前の綴字の末尾にm・n・ŋを加えて（濁音を）表示した（森田武『捷解新語解題』）」という手法と通じるものがある。

参照文献

秋永一枝『古今和歌集声点本の研究・資料篇』(校倉書房/一九七二)
井手至『遊文録　国語史篇Ⅱ』(和泉書院/一九九九)
遠藤邦基『国語表現と音韻現象』(新典社/一九八九)、『読み癖注記の国語史研究』(清文堂/二〇〇二)、『国語表記史と解釈音韻論』(和泉書院/二〇一〇)ほか。
片桐洋一『中世古今集注釈書解題』(赤尾照文堂/一九七三)、『古今和歌集以後』(笠間書院/二〇〇〇)
亀井孝『亀井孝論文集5―言語文化くさぐさ―』(吉川弘文館/一九八六)
小林芳規『角筆文献の國語學的研究・研究篇』(汲古書院/一九八七)
築島裕『平安時代訓點本論考』(汲古書院/一九八六)ほか。
『日本言語地図1』(国立国語研究所編/一九六六)
沼本克明『歴史の彼方に隠された濁点の源流を探る』(汲古書院/二〇一三)
濱田敦『続朝鮮資料による日本語研究』(臨川書店/一九八三)、『日本語の史的研究』(同/一九八四)ほか。
安田章『国語史の中世』(三省堂/一九九六)ほか。

第三部と全体の綜括

内田賢徳

一　仮名であること

本書は全体として、平仮名は万葉仮名から生まれたという、一般的に言われていることの批判《クリティーク》を目的とした。それは、両者の連続面と共に不連続面をどう捉えるかということを一つの焦点としている。それによって両者の関係を構造的にどう規定するかということが見通せる。このもくろみは、本書中にも引用される、川端善明「万葉仮名の成立と展相」（上田正昭編『日本古代文化の探究　文字』社会思想社一九七五・七）に基礎をおき、それ以後の資料の検討を含んで、新たな展開を期している。

本書の諸論文は、仮名という用語をめぐって不統一な様相を呈している。通常こうした企画では、用語の統一ということが肝要とされる。不統一な用語は、読者に混乱を与えてしまう。現に本書の様々な用語に戸惑った読者もあろう。しかし、本書はそれにあえて統一を与えなかった。その説明から、この綜括は始める必要があろう。個々の論はそれぞれの文字論と体系から〝仮名的なるもの〟に用語を与える。それは、相互に翻訳してしまえば概念を失いかねないほどに微妙なものである。

今、どの論者、どの用語からも中立であるために、仮名やかな、カナなどに遍在しているはずのそれらの本質を表す記号としてKANAを用いる。KANAであることとは何か。それが、日本語をその内部から表音節的に表す固有の記号であるなら、それは平仮名に至って実現されているという見通しに立って、KANAの論は展開される。漢字に由来はして、時にその面影を形に、つまり字母の別ということに見せることはあるにしても、平仮名に漢字の意味喚起は一切に働かないとすると、KANAとは、日本語の音節を網羅する種類を有する固有の音節文字ということになりそうだが、濁音を表す固有の平仮名は存在せず（遠藤論文）、また清音に限っても、平仮名成立の時点での音節との対応は見込めても、用法上の音変化に規則的に対応することは、恣意的にしか果たされなかった。例えば、九世紀前半に広がったとみられる、語中尾のハ行音のワ行化、ハ行転呼音と名付けられる変化に、平仮名が用法として規則的に対応するとは限らず、紀貫之は「うるわし」と書きはしても、助詞ハを「わ」と綴ることはなかった。すると少し前の時期の用法上の音節に対応しているということになりそうだが、しかし、一方で、ハ行音の変化より後の時期まで続いていたヤ行のyeをア行のeと区別することには従わず、yeに相当する平仮名も片仮名も実現しなかった。―yeに平仮名が成立していたら、どの文字を字母とし、どんなデザインだっただろうか―。また同じく九世紀前半まで残存したと見られる上代特殊仮名遣のコの甲乙の別も反映しない。そこには、音節に対応することとは別の規則が働いている。本来どう綴るべきであるかという、仮名遣いという用語が適切に示すような範例主義とでも言えるようなことである。それはこの文字のもつ表語性として示されよう。従って、KANAであることが、日本語をその内部から表音節的に表すことであるなら、平仮名はそのままでKANAであるとは言えない。

では、KANAであることは、どこに見られるのだろうか。紀貫之が「うるわし」と綴った時、彼はこの語は本来「うるはし」と綴るべき語であることを知らなかったのだろうか。『新撰字鏡』に同じく「宇留和志《ウルワシ》」という文字列が見えることからすると、こう表記するという習慣もあったのだろうし、ハ行転呼音自体語によって出現に偏りがあるとの見方もあるが、平仮名文献全体の中では「うるはし」が優勢である。貫之がついそう綴ってしまったのだとすると、臨時的に彼の中で音をたどるという綴り方をしてしまったのだろう。その証しのように、「うるわしきかひ（貝）」と綴った語句が見られる。

ただ音をたどるという、そのような表記法が、いわゆる万葉仮名にもあった。

二　万葉仮名

万葉仮名という称が、上代に広く行われていた仮名書きの方法を指す用語として定着している。それが音節との対応において等質であるという前提に立てば、平仮名への自然な連続が見込める。しかし、それは等質ではありえなかった。万葉仮名は、日本での読み方という限定はあっても漢字そのものに他ならない以上、表意的に、つまり表語文字として使われる用法、訓字と無縁であることはできない。日本での読み方の一つに基づく訓仮名はそれを如実に示している。音義木簡（佐野論文参照）で「賛　田須久」と記される時、この訓字の読みを記す際に、タスクそれぞれに思い当たった仮名文字を並べたのであろう。そこに文字相互の規則性は顧慮されていない。浮かんだ文字を言わばすなおに記した。それが全体で一語、表記上の一単位であることは訓字に保証されているという環境であるから、それで十分であった。ただタスクという三音節であると分かればそれ以上は求められない環境で、しかるべく機能すること、そこには端的なKANAが存する。「田」を使えば見た人が田畝を想起して正しく伝わらないかも知れないというような懸念はありようもない。訓仮名は、その素性を隠して音仮名と同じように見えている。やがて訓仮名は、その覆面を少しずらし、半ば素顔を見せて得意げにふるまうようになる（「薩摩の瀬戸を……今日見鶴鴨《つるかも》」万葉集３・二四八）。音仮名であろうが訓仮名であろうが顧みることのない、思いついた字を十分自然に書くことに全てが終始していれば、そこにはKANAが実現していたかも知れない。そしてその低い識字レベルではほぼ共通の文字が選ばれることになる。しかし、そうならなかったのは、一方に、古事記の述作のような高い漢字への識字が教養として存するレベルが存在したからであろう。その教養は、日本語の歴史を通して表現と関わり、そして表記に影響してきた。ただその割合が、この時期には後と比べようもないほど高かった（奥田論文参照）。

　もし、万葉仮名なるものが、一字一音、しかも音で読む音仮名ばかりでなっているのなら、この地平は時代を通して均一的な表記体系を実現していただろう。しかし、それぞれの音節で適切な音仮名にまず思い当たることは難しい。適切であるとは例えば有韻尾の文字は用いないということも含み、かつ上代特殊仮名遣の甲乙両音節はきちんと弁別され、清濁も書き分けるという水準である。つまりKANAが適切な音仮名で体系的な現れをもつことは、書き手によほどの学識がない限り実現不可能である。アと言えばまず有韻尾の「安」に思い当たり、韻尾はこの際無視しようというのではその水準は難しい。本書でも奥村、佐野論文がふれているように、その水準は、万葉集では限られた巻の限られた書き手によってしか実現しなかった。しかし、大まかに表記するということの中で、表現はにぎやかに展開した。漢字の意味喚起というKANAにあってはならない現象は、訓仮名音仮名を問わず、場合によってはむしろ積極的に表記に参加した。独特の多義的な意味世界がそこに実現する。

思い当たりやすい文字の集合が漠然とあったのだという見込みから、常用仮名という概念が生まれる。一般的に用いられていた仮名という想定は、万葉仮名の特殊な相を控除して、平仮名とのつながりを目指す。平均的な選択というあり方は継承されるという。音節それぞれに最も多用される字母の総和とそれは一致するように見える。しかし、万葉集の用例を精査すると、その多用には語彙的な偏差が存する（佐野論文）。ある語の表記に偏りがあれば、その字母は汎用性という点で劣る結果を生む。即ちある字母の多用は、その偏差において実は表意的であり、そして表語的である。語を飾って表記するということが、歌の意味ならぬ見えにおいて表現的である環境下では必然であった。そしてその広がりは句や文というまとまりの中で、訓字と誤られないようにという配慮を生む（澤崎論文）。配慮は意味に関わりつつ、やはり表記の見えの問題である。歌の調べを表してもいる文字列の中で、その調和から外れる文字があるように見えてしまうことは、誤読への懸念を生じさせるだけでなく、体裁の悪さを印象づける。

しかし、KANAでなかった、そのことと、訓字がただ訓字であるに留まらず、中国の漢字が貯えてきた訓詁に基づく用法を活かした表現性をもつことが相俟って、万葉歌の表現世界は多様で、独特のpolyphonic（多声法的な）な意味世界を形成した。万葉仮名は仮名ではあっても、漢字本来の意味喚起の働きを巧みに利用した、日本語の綴り方であった。

三　平仮名

本書が展開してきたのは、常用仮名という概念の批判と共に、平仮名の認定の問題であった。何をもって平仮名の条件とするかということと要約してもよい。それはまず、ある時点での日本語の音節に網羅的に対応することであろう。ただ、それだけなら、万葉仮名の中で、中国語音との音韻的な対応を適切にもつ音仮名のグループという前例があった。それとの違いとして、次に平仮名に存するのは、漢字としての意味喚起から解放されてあることと漢字という外形をもたないことであろう。そして、意味喚起からの自由という条件のない、漢字と見えない外形とは、漢字に具わる筆順や筆法という規則が無視されて、結果字の形をなしていない図形ということだから、平仮名以外でもありうる。また単に意味喚起ができないということであれば、万葉仮名のうち、漢字の助字に由来する「耶《ヤ》」などは日本語という環境では意味喚起が起こりにくい。もしそういう音仮名だけを集めて体系をなせば、KANAは十分に実現できたであろう。しかし、それは求めにくく、またそれを試みることもなかった。その、言わば禁欲的な表記に従うよりは、意味に、言わば耽る表記の方に上代人たちは与していった。また音仮名には日本語の音節にのみ対応する文字という、隠された契機が欠けている。にのみ対応するという条件は、朝鮮半島に成立したハングルのような機能主義によって、より根本的に満たされよう。しかし平仮名はそれではなかった。たどれば漢字に回帰できる程度にその外形から解放されることというのが平仮名の取った方法であった。そこには明らかな万葉仮名との連続がある。しかしそれはいささか曲折をもつ連続であって、不連続面は随所に見られる。まず、相互の字母間に規則的な対応が見られないということがあげられる。平仮名字母に木簡に見られる仮名字母と対応するものが指摘される。しかし、これはまだ新発見の可能性がなくはないが、上代の資料には今のところいっさい見えない種もあり、それを引き継ぐということは断定できない。一方、平安初期の訓点資料に見られる、平仮名と目される文字群の字母との共通性も指摘される。これは二つのジャンルが異質である点など考慮すべき点はあるが、共通基盤をもつように考えられる（長谷川論文）。字母からして、ここでも思い当たった字を、形を変えて書いたものが定着したと考えられる。ただし、思い当たる字種ということの条件が、八世紀を挟んで、七世紀と九世紀では異なるのではないのか。それは単に一般に知られている字種の増加ということに尽きない。漢字であることの制約からの自由度ということについては、ずっと高まってきていると考えられる。一つの文で仮名を訓字と交えて書くときに、平仮名はそれまでの仮名とはずいぶん違った意識で書かれたと言えよう。速く書こうという動機は、その自由度を更に高くする。もはや漢字であったことに回帰する理由をもたない字種が、訓字に対して十分な際立ちを発揮することは考えられてよい。あるいは逆に、十分な際立ちがあったからこそ訓字と交えて書いても誤読されたり、見えの悪さを呈することはなかった。平仮名の視認性（長谷川）という概念でそれを提示することができる。しかし、視認の具体性を提示することには別次元の困難が伴う。中山論文はそれを取り上げて、認定の条件に転折の均《なら》しによる円転化、繋《つな》ぎによる連綿への展開などをあげる。視認化の階梯という観察において、初期平仮名資料と目されるものは半平仮名と位置づけられる。それを念頭に置きながら、初期平仮名資料も含んで広く平仮名の成立を、万葉仮名との関連において説いてきた。

万葉仮名は、漢字に回帰すること、つまりは個々の文字の意味喚起を利用しながら独特の表語法を得ていた。それに対して平仮名は、語や文節を綴ることによって表語性をもった。文字は個々の意味の和として語を示すのではなく、見た目のまとまりという新たな方法で表語性に届いたのである。意味が視覚的にまとまること、そこから美が生まれる。

平仮名の現出は、和歌の文体にも影響した。漢字への回帰において多義的であった歌の性格は、同一の音節構造をもつ異義の語による重層的な流れへと展開した。あたかも連綿が新しい意味の形を実現したことと相俟って、修辞は華麗な複雑さを呈する。意味の形という新しさが、書に漢字にはなかった流麗な曲線と墨の濃淡という美を生み出した。

それは、一方で私たちに、それでは万葉集の歌を書いた人たちは、文字を美しく綴るという意識をもたなかっただろうかという、現存資料からはたどりようもない新しい謎を抱かせる。

研究の展望

乾　善彦

「万葉仮名と平仮名―その連続と不連続―」というテーマのもとに、内田賢徳の呼びかけに応じて集まったのは、老若男女あわせて約四十名。二〇一七年八月二十八日（月）・二十九日（火）の暑い夏の日、暑い京都大学において、あつい議論が交わされた。内田による、この研究集会の総括は、現在の到達点を示しえたものと思われる。屋下に屋を架することになるかもしれないが、それを踏まえて、今後の展望を記しておくことにする。

二〇一二年度日本語学会春季大会において、「仮名の成立とその展開」という題でワークショップがもたれ、今回のメンバーのうち、乾、佐野、長谷川が登壇し、またそれ以外のメンバーも、ほとんどが参加している（二〇一二年五月十九日（土）、千葉大学）。そこでの議論は、仮名の成立と仮名遣いの発生、そして平仮名と片仮名の機能差が中心となっていたが、時間の制約もあって、議論が煮詰まることがなく、隔靴掻痒の感があった。おそらく、内田の今回の提案も、そこに端緒があったのではないかと想像する。その間五年。そのあいだに二〇一二年秋に藤原良相邸跡から仮名成立期の墨書土器が大量に出土したのをきっかけに、仮名の成立にかかわる資料が見直されてきた。

ただ、新聞をにぎわせた議論は、平仮名の成立時期であった。従来の考え方として、「万葉仮名」から、「草仮名」の段階を経て「平仮名」が成立したという、〝都市伝説〟にも近い考え方があり、それにのっとっての議論であったように思われる。しかし山田健三の「草仮名」についての問いかけにわれわれは耳を傾ける必要があろう。山田は「草仮名」以外にも「仮名」にかかわるすべてのタームについて見直しを求めている（「仮名をめぐるターミノロジー――仮名用語再考・再論――」『信州大学人文科学論集』五号、二〇一八・三）。そのすべてが首肯されるわけではないけれど、向後、「仮名」について語るには、一度は考えておかなければならない課題であることは疑いない。それほどに、「仮名」いや文字・表記にまつわる用語は、多義に満ちている。

それはそれとして、今回の議論において、内田のいうとおり、この問題を一時棚上げしたのは、用語の統一よりもまずは目の前にある資料群に対してわれわれはどう向き合うべきかを考えるのが先決であると考えたからである。また、理論的に「仮名」の本質を考えるとき、用語に縛られず、「仮名」そのもののあり方に注目したかったのである。用語の規定が時として、思考の純粋な展開に妨げとなる場合があることは、日ごろ経験することでもある。しかし最後に、用語の多義については触れておきたい。これからの議論には、用語に対する自覚が求められるであろうと思われるからである。

『和歌文学大辞典』（二〇一四年、古典ライブラリー）の「万葉仮名」（乾担当）には、三つの語義が示されている。一つめは万葉集の書き様全般についていう義（つまり表語用法も含めていう）、二つめは万葉集に代表されるような漢字の表音用法、三つめは後世の仮名につながる一字一音の漢字の表音用法である。ここではさらに、記紀歌謡にみとめられるような、一字一音で借音の漢字の表音用法を付け加えておく。ただし「後世の仮名につながる」という点で、一字一音というのみでは、実際には後世の仮名（ひらがな・カタカナ）には、若干一字二音節のものもあるので、この定義では漏れる部分もある。しかし、それよりも重要なのは、漢字専用時代のそれと、「文字としての仮名」成立以降とでは、日本語表記における「万葉仮名」の位置付けが異なるということである。したがって、漢字専用時代の漢字の用法としての仮名に限定して用いられることもある。内田のいうように、本書の中ではそれぞれの用法が行われているのである。それでもなお、『万葉仮名と平仮名―その連続と不連続―』が成立しうるのは、「万葉仮名」と「平仮名」とが、日本語を書くことの歴史において、厳然と排他的対立項目としてあるからである。つまり、「万葉仮名」は「平仮名」ではありえず、「平仮名」は「万葉仮名」ではありえない。そしてなおかつ、両者は日本語を読めるように書く、あるいは表現する場合の、基本的な文字の体系であった。本書においてそれぞれの性格は、相当はっきりしてきたかと思う。また、単純に「万葉仮名」から「平仮名」が成立するとは考え難い点も明らかになったかと思う。

したがって、今後の課題としては、漢字専用時代にあっては、漢字の多様な表音用法の性格についての整理が必要となろう。山田が「万葉集は漢字だけで書かれている」という言説を非とするのは、「漢字」という術語としての問題を提起している。たしかに漢字しかなかった時代に「漢字だけで」ということは、後世、漢字と仮名という二種類の文字体系を持つわれわれからみた言説に過ぎないけれども、「漢字と仮名とで書かれている」というのも、やはりわれわれからみた言説に過ぎない。当時の感覚は、『古事記』序文に安万侶が、

然、上古之時、言意並朴、敷レ文構レ句、於レ字即難。已因レ訓述者、詞不レ逮レ心。全以レ音連者、事趣更長。

是以、今、或一句之中、交二用音訓一、或一事之内、全以レ訓録。

というように、「字」と「音訓」とがあるのみである。『古事記』の「音訓」に、『万葉集』の多様な文字遣いを対置して、そこにみとめられる差異と、木簡や正倉院文書（ここに続日本紀宣命をあわせてもよい）に用いられ

る漢字の表音用法を対置したときにあらわれる差異と、そのすべてが当時の「仮名」のあり方として語られるべき課題なのであろう。幸いに、近年、この分野では本書のメンバーの澤崎文による仮名の選択意識の整理を筆頭に、研究集会に参加してくれていた吉岡真由美の多音節仮名と単音節仮名の用法の整理や、軽部利恵の上代特殊仮名遣いの違例の整理など、きめ細かい資料の整理が進んできている。今後、これらの作業が、それぞれが描く古代の文字使用の世界の中に位置づけられることが期待される。二〇一八年八月二十六日・二十七日に奈良女子大学で開かれた、若手研究者支援プログラムのシンポジウム「仮名文字―万葉仮名と平仮名―」でも、新しい知見が披瀝されている。

「平仮名」の方も、山内洋一郎の提言によって、その術語としての意味が見直されている。「平仮名」の語を「いろは仮名」に限定することも考えられてよいが、むしろ、従来通り「片仮名」に対立する概念として用いることも考えられてよい。「片仮名」に対立する概念は､正確には「仮名」であろう。漢字の表音用法としての仮名から、文字としての仮名が成立し、そこからもっぱら日本語の音節表示のための片仮名が分化する。分化した結果、それに対立する語として「平仮名」が誕生したということも考えられてよいのではなかろうか。それを代表するひとそろいの体系、それは極めて限定された閉じられた体系であるけれども、そしてそのようないわゆる「いろは仮名」に対して、その名を与えられたのであろうけれども、その背景にある多様な文字群を現在の「平仮名」は意味している。「平仮名」もまた多義なのである。ここでの課題は、中山、長谷川の論考に展開されている。成立の問題としては、「草仮名」の位置付けが課題となる。「草仮名」が「万葉仮名から平仮名」への過渡的なものであったとの認識はほぼ否定されているといってよかろう。しかしながら、「草仮名」が「男にてもあらず女にてもあらず」と称されるように「仮名」の書体の中で、とある位置を持っていたことも確かである。そしてそれが、過渡期的な時期にあらわれるのもまた確かである。その点を問題にした中山の書道史、書法史からの論考は、これから検討されるべき問題提起である。書道史との連携を深める必要がある。今野真二編『秋萩帖の総合的研究』(二〇一八年、勉誠出版)のような試みが今後、増えていくことが期待される。

「万葉仮名」と「平仮名」とは、はっきりと異なる二つの文字体系である(「万葉仮名」が体系として成立するかどうかは議論の余地があるが)。そして前者をもとにして後者が成立したことは、一応通説通り考えてよいかと思われる。内田のいうKANAなる要素を共有するのである。しかし、「平仮名」の基づいた「万葉仮名」がいかなる実態だったのかは、今なお定かではない。少なくとも記紀万葉から直接するものではないことは、今回の議論で明らかになったと思う。木簡に書かれたウタに用いられているようなものを想像するが、それとて問題は山積している。それはウタを書く行為とかかわる。藤原良相邸跡出土墨書土器のウタも含めて、ウタが「仮名」で書かれる歴史を改めて検討する必要がある。「仮名」の歴史はある意味、ウタを書く歴史でもあるからである。『日本書紀』が正格の漢文を意図しながらも、ウタは漢文(漢詩)化せず、仮名書であることの意味も問い直すべきかもしれない。

実はまだ、「仮名」について何もわかってはいなかった。それがわかったのが、本書の最も大きな成果かもしれない。

執筆者紹介　（五十音順。肩書は本書刊行時）

乾　善彦（いぬい・よしひこ）　編者
大阪市立大学大学院文学研究科博士後期課程単位取得退学。博士（文学）。関西大学文学部教授。
著書『漢字による日本語書記の史的研究』（塙書房、二〇〇三）、『日本語書記用文体の成立基盤』（塙書房、二〇一七）。共著『シリーズ日本語史4　日本語史のインタフェース』（岩波書店、二〇〇八）。

內田賢德（うちだ・まさのり）　編者
京都大学大学院文学研究科博士課程中退。京都大学名誉教授。
著書『萬葉の知―成立と以前―』（塙書房、一九九二）、『上代日本語表現と訓詁』（塙書房、二〇〇五）。

遠藤邦基（えんどう・くにもと）
京都大学大学院文学研究科博士課程単位取得退学。文学博士。奈良女子大学名誉教授。
著書『国語表現と音韻現象』（新典社、一九八九）、『読み癖注記の国語史研究』（清文堂、二〇〇二）、『国語表記史と解釈音韻論』（和泉書院、二〇一〇）。

奥田俊博（おくだ・としひろ）
筑波大学大学院文芸・言語研究科博士課程修了。博士（文学）。九州女子大学人間科学部教授。
著書『古代日本における文字表現の展開』（塙書房、二〇一六）。論文「『万葉集』における反復表現の表記―変字法とその周辺―」（『美夫君志』94、二〇一七）。

奥村悦三（おくむら・えつぞう）
京都大学大学院文学研究科博士課程中退。奈良女子大学名誉教授。
著書『古代日本語をよむ』（和泉書院、二〇一七）。論文「文字の連なり、ことばの繋がり」（『国語文字史の研究』九、和泉書院、二〇〇六）。「ことばを移す、ことばに写す」（『萬葉集研究』第三十八集、塙書房、二〇一八）。

佐野　宏（さの・ひろし）
大阪市立大学文学研究科博士課程修了。博士（文学）。京都大学大学院人間・環境学研究科准教授。
論文「萬葉集の唱詠と定形の枠組み―「定形」の変遷について―」（『萬葉集研究』第三十一集、塙書房、二〇一〇）、「萬葉集における表記体と用字法について」（『国語国文』84―4、二〇一五）。

澤崎　文（さわざき・ふみ）
早稲田大学大学院文学研究科博士後期課程修了。博士（文学）。宇都宮大学教育学部専任講師。
論文「『古事記』における漢字の音仮名用法と正訓字用法の関係」（『論集』十一号、アクセント史資料研究会、二〇一六）、「『万葉集』における漢字の複用法と文字選択の背景」（『萬葉語文研究』第12集、和泉書院、二〇一七）。

中山陽介（なかやま・ようすけ）
國學院大學大学院文学研究科博士課程前期在学。
論文「仮名成立史上の西三条第跡出土土器墨書仮名の位置付け」（『國學院雑誌』117―7、二〇一六）。

長谷川千秋（はせがわ・ちあき）
奈良女子大学大学院人間文化研究科博士課程修了。博士（文学）。山梨大学大学院教育学研究科教授。
論文「仮名遣の成立要件をさぐる」（『国語文字史の研究』十三、和泉書院、二〇一二）、「『和字正濫鈔』は仮名遣書か」（『国語文字史の研究』十五、和泉書院、二〇一六）、「使用字母からみた『秋萩帖』の仮名」（『秋萩帖の総合的研究』勉誠出版、二〇一八）。

万葉仮名と平仮名
その連続・不連続

2019年3月30日　第1刷発行
2019年11月20日　第2刷発行

編　者　　内田賢徳
　　　　　乾　善彦
発行者　　株式会社 三省堂
　　　　　代表者 北口克彦
印刷者　　三省堂印刷株式会社
発行所　　株式会社 三省堂

〒101-8371
東京都千代田区神田三崎町二丁目22番14号
電話　編集 (03) 3230-9411
　　　営業 (03) 3230-9412
https://www.sanseido.co.jp/

ISBN978-4-385-36167-3　Printed in Japan

落丁本・乱丁本はお取り替えいたします。
〈万葉仮名と平仮名・240pp.〉